파워포인트 2010
Powerpoint 2010
2010

파워포인트 2010 자료 다운로드 방법 ········> 다음 페이지

파워포인트 2010 자료 다운로드 방법

1 렉스미디어 홈페이지(http://www.rexmedia.net)에 접속한 후 **[자료실]-[대용량 자료실]**을 클릭합니다. 그런 다음 렉스미디어 자료실 페이지가 나타나면 **[스마트스쿨]**을 클릭한 후 **[파워포인트2010.exe]**를 클릭합니다.

2 '파워포인트2010.exe를 실행하거나 저장하시겠습니까?'라고 묻는 대화상자가 나타나면 **[실행]** 단추를 클릭합니다.

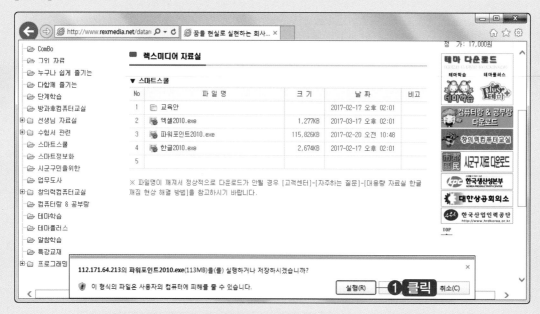

3 '파워포인트2010.exe의 게시자를 확인할 수 없습니다. 프로그램을 실행하시겠습니까?'라고 묻는 대화상자가 나타나면 **[실행] 단추를 클릭**합니다.

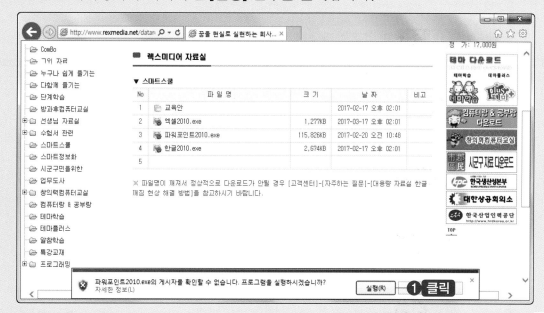

다음과 같이 '파워포인트2010.exe는 일반적으로 다운로드되는 파일이 아니며, 컴퓨터를 손상시킬 수 있습니다.'라는 내용의 대화상자가 나타난 경우에는 [작업] 단추를 클릭한 후 [SmartScreen 필터 – Internet Explorer] 대화상자에서 [기타 옵션]을 클릭한 다음 [실행]을 클릭합니다.

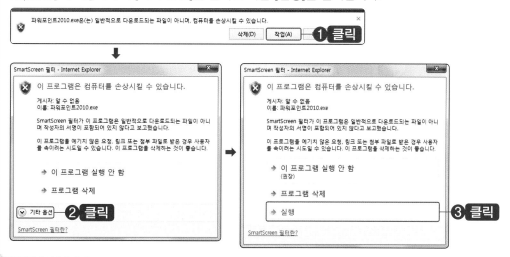

4 Windows 탐색기를 실행한 후 'C:\스마트스쿨\파워포인트2010' 폴더를 선택하면 다음과 같이 파워포인트2010 자료가 다운로드된 것을 확인할 수 있습니다.

이 책의 차례

파워포인트 2010

이 책의 차례

파워포인트 시작하기

◆ 파워포인트를 실행하고 프레젠테이션을 만드는 방법에 대해 알아
  보겠습니다.
◆ 프레젠테이션을 저장하고 파워포인트를 종료하는 방법에 대해 알아
  보겠습니다.

자신의 의견을 청중에게 전달하는 것을 '프레젠테이션'이라고 하는
데요. 파워포인트는 프레젠테이션을 만들 수 있는 프로그램 중에서
가장 대표적인 프로그램입니다.

1 파워포인트를 실행하기 위해 ⊕[시작] 단추를 클릭한 후 [모든 프로그램]−[Microsoft Office]를 클릭한 다음 [Microsoft PowerPoint 2010]을 클릭합니다.

> **Tip**
> 윈도우 10에서는 ⊞[시작] 단추를 클릭한 후 앱 뷰에서 [Microsoft Office]를 클릭한 다음 [Microsoft PowerPoint 2010]을 클릭하면 파워포인트를 실행할 수 있습니다.

2 파워포인트가 실행되면 레이아웃을 변경하기 위해 [홈] 탭−[슬라이드] 그룹에서 [레이아웃]을 클릭한 후 [제목 및 내용]을 클릭합니다.

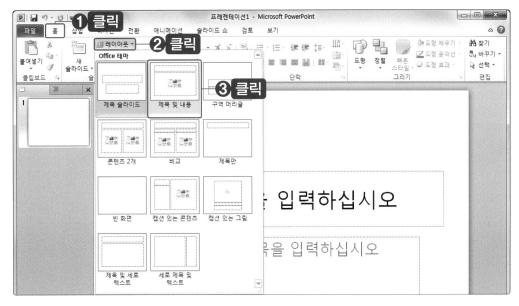

> **Tip**
> • 슬라이드(프레젠테이션에서 하나의 화면)에서 텍스트 상자, 표, 차트, 클립 아트 등의 개체가 배치되는 모양을 '레이아웃'이라고 하는데요. 레이아웃은 제목 슬라이드, 제목 및 내용, 구역 머리글 등 11 종류로 분류되어 있습니다.
> • 기본적으로 1번 슬라이드의 레이아웃은 제목 슬라이드입니다.

3 레이아웃이 변경되면 제목 텍스트 상자를 클릭한 후 제목(채소 영단어)을 입력합니다.

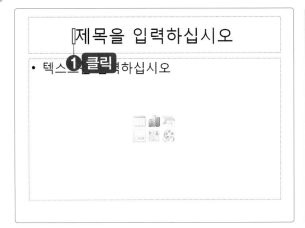

파워포인트의 화면 구성

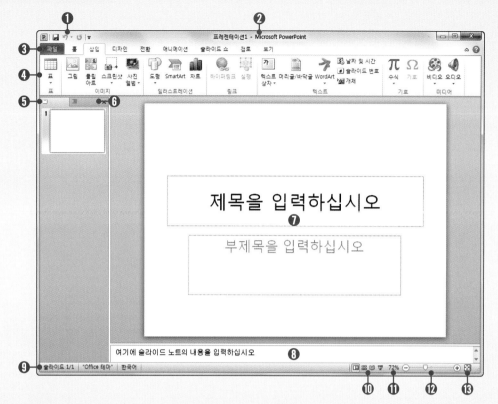

❶ **빠른 실행 도구 모음** : 자주 사용하는 기능을 빠르게 실행할 수 있는 도구 모음(파워포인트에서 제공하는 기능을 아이콘으로 만들어 놓은 것)입니다.

❷ **제목 표시줄** : 프레젠테이션의 파일 이름과 프로그램의 이름(Microsoft PowerPoint)이 표시되는 곳입니다.

❸ **파일 탭** : 백스테이지(Backstage)로 전환하여 저장, 열기, 인쇄 등의 작업을 할 수 있습니다.

❹ **리본 메뉴** : 메뉴와 도구 모음이 하나로 통합된 메뉴로 [홈], [삽입], [디자인] 등의 탭으로 구성되어 있고 탭은 서로 관련 있는 기능별로 구분하여 놓은 그룹으로 구성되어 있습니다.

❺ **슬라이드 탭** : 슬라이드를 축소한 그림이 표시되는 곳입니다.

❻ **개요 탭** : 슬라이드에 있는 텍스트가 표시되는 곳입니다.

❼ **슬라이드 창** : 슬라이드를 작성하는 곳입니다.

❽ **슬라이드 노트 창** : 슬라이드를 설명할 때 참고할 내용을 입력하는 곳입니다.

❾ **상태 표시줄** : 선택한 슬라이드의 번호나 지정한 테마 등 사용자에게 필요한 정보를 알려주는 곳입니다.

❿ **보기 바로 가기** : 프레젠테이션 보기를 전환할 수 있는 곳으로 ▣[기본], ▦[여러 슬라이드], ▤[읽기용 보기], 🖵[슬라이드 쇼]로 구성되어 있습니다.

⓫ **확대/축소** : 슬라이드 화면의 확대/축소 배율이 퍼센트(%)로 표시되는 곳입니다.

⓬ **확대/축소 슬라이더** : ⊕[확대] 단추나 ⊖[축소] 단추를 클릭하거나 ▯[확대/축소]를 드래그하여 슬라이드 화면의 확대/축소 배율을 지정할 수 있는 곳입니다.

⓭ **크기에 맞게** : 슬라이드 화면의 확대/축소 배율을 슬라이드 창의 크기에 맞춥니다.

4 내용 텍스트 상자를 클릭한 후 내용(오이 : cucumber)을 입력한 다음 Enter를 누릅니다.

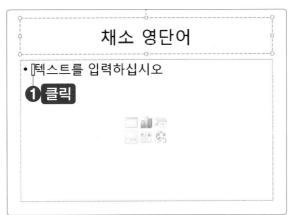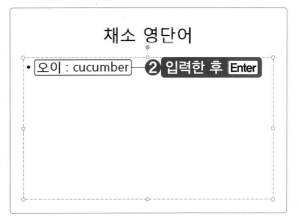

Tip
내용(오이 : cucumber)을 입력한 후 Enter를 누르면 글머리 기호(여기서는 •)가 자동으로 넣어집니다.

5 같은 방법으로 다음과 같이 나머지 내용을 입력합니다.

알아두면 실력튼튼

새 프레젠테이션 만들기

다음과 같이 [파일] 탭-[새로 만들기]를 클릭한 후 [새 프레젠테이션]을 선택한 다음 [만들기]를 클릭하거나 Ctrl+N을 누르면 새 프레젠테이션을 만들 수 있습니다.

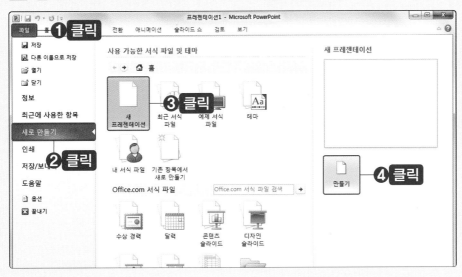

1 프레젠테이션을 저장하기 위해 [파일] 탭-[저장]을 클릭합니다.

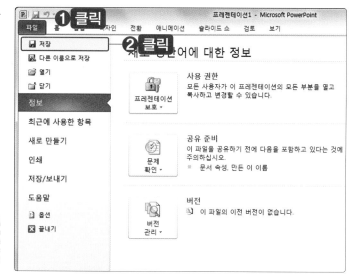

> **Tip**
> Ctrl+S를 눌러 프레젠테이션을 저장할 수도 있습니다.

2 [다른 이름으로 저장] 대화상자가 나타나면 위치(라이브러리\문서)를 선택한 후 파일 이름(채소 영단어)을 입력한 다음 [저장] 단추를 클릭합니다.

> **Tip**
> 프레젠테이션이 저장되면 제목 표시줄에 저장된 프레젠테이션의 파일 이름이 표시되는데요. 저장된 프레젠테이션의 확장자는 'pptx'입니다.

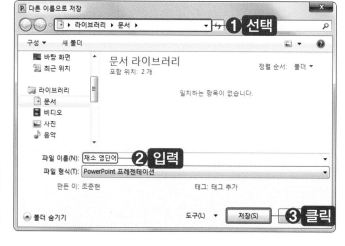

3 파워포인트를 종료하기 위해 [파일] 탭-[끝내기]를 클릭합니다.

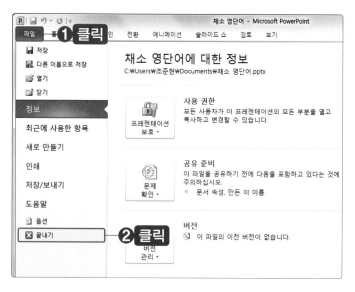

4 파워포인트가 종료됩니다.

01 다음은 파워포인트의 화면 구성입니다. 화면 구성 요소의 이름을 적어 보세요.

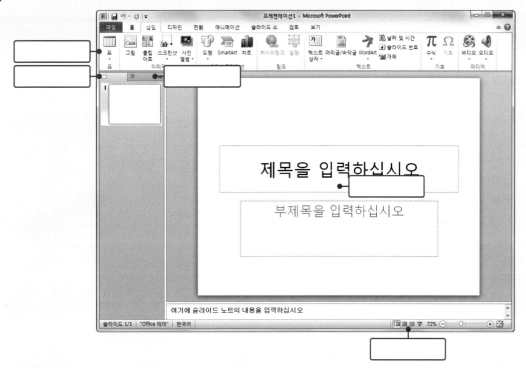

02 다음과 같이 파워포인트를 실행한 후 슬라이드를 작성한 다음 프레젠테이션을 저장해 보세요.

- 레이아웃 변경 : 제목 슬라이드 → 제목 및 내용
- 프레젠테이션 저장 : 위치(라이브러리\문서), 파일 이름(과일 영단어)

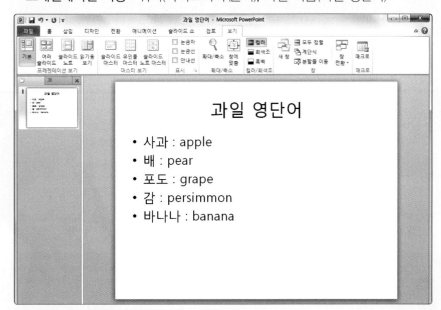

과일 영단어

- 사과 : apple
- 배 : pear
- 포도 : grape
- 감 : persimmon
- 바나나 : banana

한자와 기호 입력하기

Chapter
02

◆ 프레젠테이션을 열고 한자를 입력하는 방법에 대해 알아보겠습니다.
◆ 기호를 입력하고 다른 이름으로 프레젠테이션을 저장하는 방법에 대해 알아보겠습니다.

슬라이드에는 한글이나 영어뿐만 아니라 한자나 기호도 입력할 수 있는데요. 한자는 한글을 입력한 후 한글/한자 변환 기능을 사용하여 입력하고, 키보드로 입력할 수 없는 ●, □, ▲과 같은 기호는 기호 기능을 사용하여 입력합니다.

THEME 01 프레젠테이션 열고 한자 입력하기

1 파워포인트를 실행한 후 프레젠테이션을 열기 위해 [파일] 탭-[열기]를 클릭합니다.

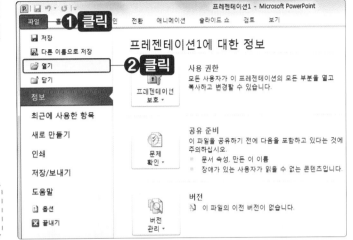

Tip

Ctrl+O를 눌러 프레젠테이션을 열 수도 있습니다.

2 [열기] 대화상자가 나타나면 위치 (C:\스마트스쿨\파워포인트2010\Chapter02)를 선택한 후 파일(단오)을 선택한 다음 [열기] 단추를 클릭합니다.

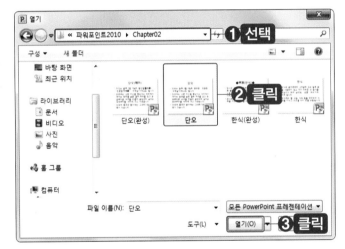

3 프레젠테이션이 열리면 한자를 입력하기 위해 '단오'를 드래그하여 선택한 후 [검토] 탭-[언어] 그룹에서 [한글/한자 변환]을 클릭합니다.

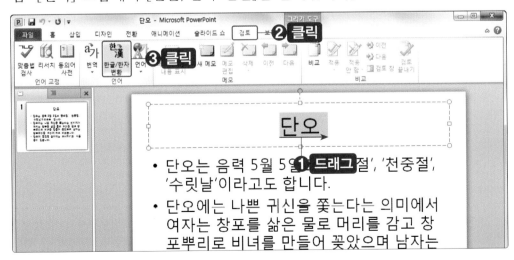

Tip

'단오'를 드래그하여 선택한 후 한자를 눌러 한자를 입력할 수도 있습니다.

4 [한글/한자 변환] 대화상자가 나타나면 한자(端午)와 입력 형태(한글(漢子))를 선택한 후 [변환] 단추를 클릭합니다.

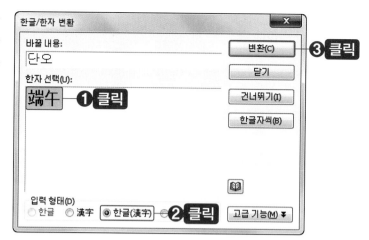

Tip

📖[한자 사전] 단추를 클릭하면 한자의 음, 뜻, 획수 등을 확인할 수 있습니다.

알아두면 실력튼튼

입력 형태

• 한글 : 端午 → 단오
• 漢字 : 단오 → 端午
• 한글(漢字) : 단오 → 단오(端午)
• 漢字(한글) : 단오 → 端午(단오)

5 같은 방법으로 다음과 같이 한자를 입력합니다.

단오(端午)

• 단오는 음력 5월 5일로 '중오절(重五節)', '천중절(天中節)', '수릿날'이라고도 합니다.
• 단오에는 나쁜 귀신을 쫓는다는 의미에서 여자는 창포를 삶은 물로 머리를 감고 창포뿌리로 비녀를 만들어 꽂았으며 남자는 창포뿌리를 허리에 차고 다녔습니다.
• 단오에 즐겼던 놀이에는 그네뛰기와 씨름 등이 있습니다.

---

1 기호를 입력하기 위해 '단오' 앞에 커서를 둔 후 [삽입] 탭-[기호] 그룹에서 [기호]를 클릭합니다.

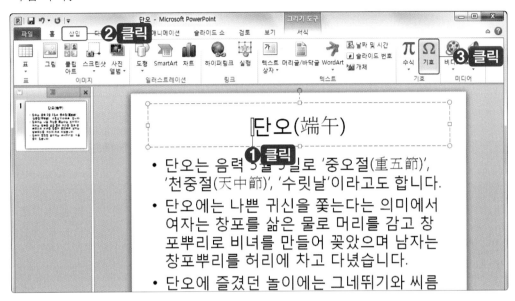

2 [기호] 대화상자가 나타나면 글꼴(맑은 고딕)과 하위 집합(도형)을 선택한 후 ◑ 기호를 선택한 다음 [삽입] 단추를 클릭합니다. 그런 다음 ◑ 기호가 삽입되면 [닫기] 단추를 클릭합니다.

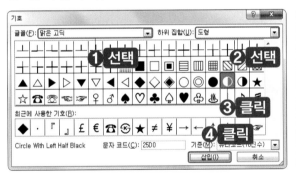
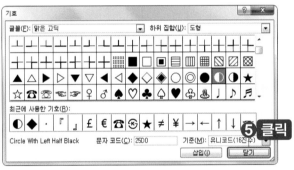

3 같은 방법으로 다음과 같이 ◑ 기호를 입력합니다.

> # ◑단오(端午)◑
>
> • 단오는 음력 5월 5일로 '중오절(重五節)', '천중절(天中節)', '수릿날'이라고도 합니다.
> • 단오에는 나쁜 귀신을 쫓는다는 의미에서 여자는 창포를 삶은 물로 머리를 감고 창포뿌리로 비녀를 만들어 꽂았으며 남지는 창포뿌리를 허리에 차고 다녔습니다.
> • 단오에 즐겼던 놀이에는 그네뛰기와 씨름 등이 있습니다.

4 다른 이름으로 프레젠테이션을 저장하기 위해 [파일] 탭–[다른 이름으로 저장]을 클릭합니다.

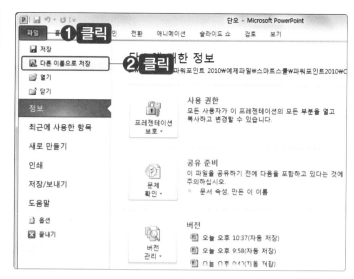

Tip

• F12를 눌러 다른 이름으로 프레젠테이션을 저장할 수도 있습니다.
• 프레젠테이션을 연 후 슬라이드를 수정한 다음 [파일] 탭–[저장]을 클릭하면 [다른 이름으로 저장] 대화상자가 나타나지 않고 기존 파일 이름으로 저장되는데요. [파일] 탭–[다른 이름으로 저장]을 클릭하면 기존 프레젠테이션을 그대로 둔 상태에서 다른 파일 이름으로 프레젠테이션을 하나 더 만들 수 있습니다.

5 [다른 이름으로 저장] 대화상자가 나타나면 위치(라이브러리\문서)를 선택한 후 파일 이름(단오(완성))을 입력한 다음 [저장] 단추를 클릭합니다.

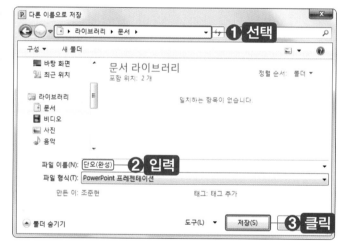

6 다음과 같이 다른 이름으로 프레젠테이션이 저장됩니다.

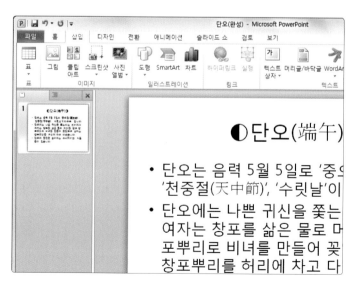

01 다음과 같이 '한식' 파일을 연 후 한자를 입력해 보세요.

• 한자 입력 : 한식 → 寒食(한식), 동지 → 冬至(동지)

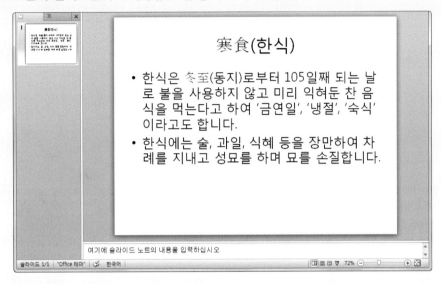

02 다음과 같이 기호를 입력한 후 다른 이름으로 프레젠테이션을 저장해 보세요.

• 기호 입력 : ◆

• 다른 이름으로 프레젠테이션 저장 : 위치(라이브러리\문서), 파일 이름(한식(완성))

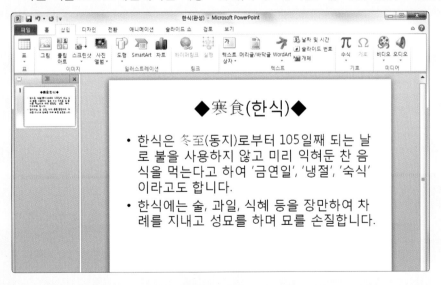

Hint

[기호] 대화상자에서 글꼴(맑은 고딕)과 하위 집합(도형)을 선택한 후 ◆ 기호를 선택한 다음 [삽입] 단추를 클릭하면 ◆ 기호를 입력할 수 있습니다.

슬라이드 다루기

Chapter 03

◆ 슬라이드를 삽입하고 삭제하는 방법에 대해 알아보겠습니다.
◆ 슬라이드를 복제하고 이동하는 방법에 대해 알아보겠습니다.

프레젠테이션을 만들다 보면 슬라이드가 더 필요하여 슬라이드를 삽입해야 하거나 필요 없는 슬라이드를 삭제해야 하는 경우가 있는데요. 파워포인트에서는 슬라이드를 삽입하거나 삭제할 수 있으며 복제하거나 이동할 수도 있습니다.

1 '봄철과 여름철 별자리' 파일을 연 후 슬라이드를 삽입하기 위해 슬라이드 탭에서 1번 슬라이드를 선택한 다음 [홈] 탭-[슬라이드] 그룹에서 [새 슬라이드]의 ▾[목록] 단추를 클릭하고 [제목 및 내용]을 클릭합니다.

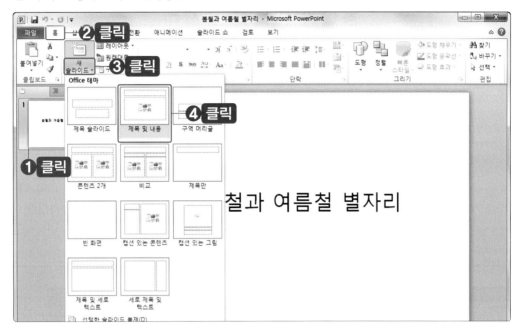

Tip

• 슬라이드의 바로 가기 메뉴에서 [새 슬라이드]를 클릭하여 슬라이드를 삽입할 수도 있습니다.
• 새 슬라이드는 선택한 슬라이드 아래에 삽입됩니다.

2 슬라이드가 삽입되면 다음과 같이 2번 슬라이드를 작성합니다.

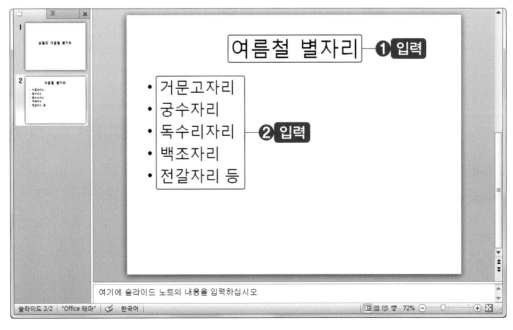

3 슬라이드를 삭제하기 위해 슬라이드 탭에서 1번 슬라이드를 선택한 후 Delete 를 누릅니다.

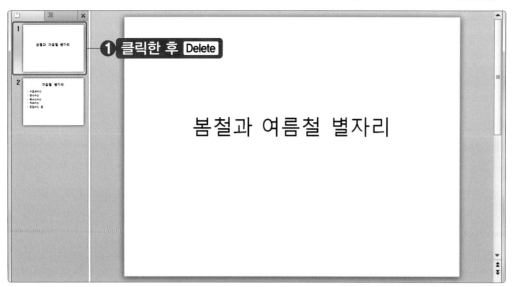

봄철과 여름철 별자리

> **Tip**
> 슬라이드의 바로 가기 메뉴에서 [슬라이드 삭제]를 클릭하여 슬라이드를 삭제할 수도 있습니다.

4 다음과 같이 슬라이드가 삭제됩니다.

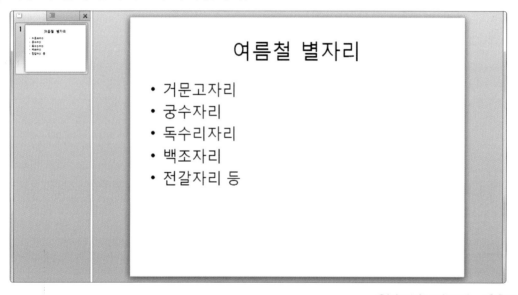

여름철 별자리

- 거문고자리
- 궁수자리
- 독수리자리
- 백조자리
- 전갈자리 등

알아두면 실력튼튼

슬라이드 선택하기

- 하나의 슬라이드 선택 : 슬라이드 탭에서 슬라이드를 클릭합니다.
- 연속적인 슬라이드 선택 : 슬라이드 탭에서 첫 번째 슬라이드를 선택한 후 Shift 를 누른 상태에서 마지막 슬라이드를 선택합니다.
- 비연속적인 슬라이드 선택 : 슬라이드 탭에서 슬라이드를 선택한 후 Ctrl 을 누른 상태에서 다른 슬라이드를 선택합니다.
- 모든 슬라이드 선택 : 슬라이드 탭에서 슬라이드를 선택한 후 [홈] 탭-[편집] 그룹에서 [선택]을 클릭한 다음 [모두 선택]을 클릭하거나 Ctrl + A 를 누릅니다.

1 슬라이드를 복제하기 위해 슬라이드 탭에서 1번 슬라이드를 선택한 후 Ctrl+D를 누릅니다.

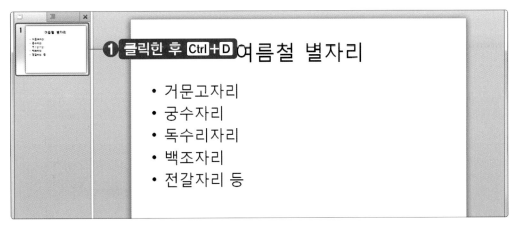

Tip

슬라이드의 바로 가기 메뉴에서 [슬라이드 복제]를 클릭하여 슬라이드를 복제할 수도 있습니다.

2 슬라이드가 복제되면 다음과 같이 슬라이드를 수정합니다.

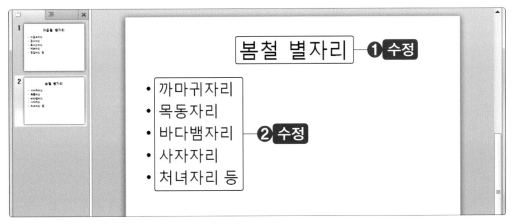

3 슬라이드를 이동하기 위해 슬라이드 탭에서 1번 슬라이드를 2번 슬라이드 아래로 드래그합니다.

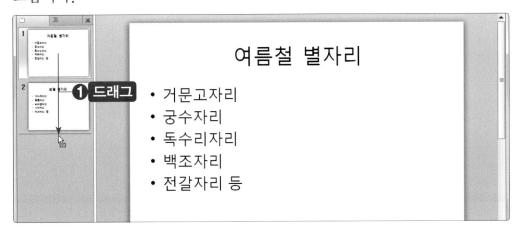

4 다음과 같이 슬라이드가 이동됩니다.

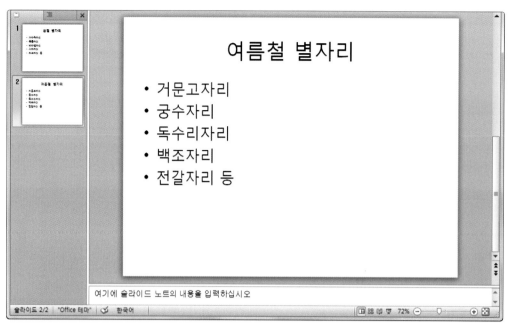

여러 슬라이드 보기에서 슬라이드 복제하고 이동하기

[보기] 탭-[프레젠테이션 보기] 그룹에서 [여러 슬라이드]를 클릭하면 프레젠테이션 보기를 여러 슬라이드 보기로 전환하여 슬라이드를 복제하거나 이동할 수 있는데요. 다음과 같이 여러 슬라이드 보기에서는 [Ctrl]을 누른 상태에서 슬라이드를 드래그하면 슬라이드가 복제되고, 슬라이드를 드래그하면 슬라이드가 이동됩니다.

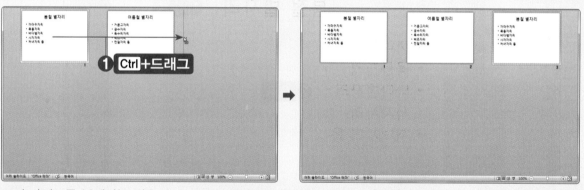

▲ 슬라이드를 복제하는 경우

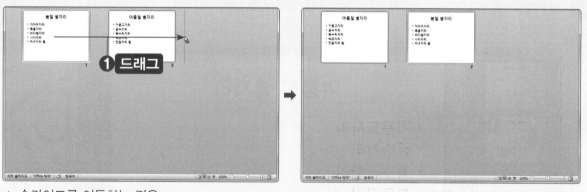

▲ 슬라이드를 이동하는 경우

01 다음과 같이 '가을철과 겨울철 별자리' 파일을 연 후 슬라이드를 삽입한 다음 슬라이드를 작성해 보세요.

• 슬라이드 삽입 : 1번 슬라이드 아래에 슬라이드(제목 및 내용)를 삽입

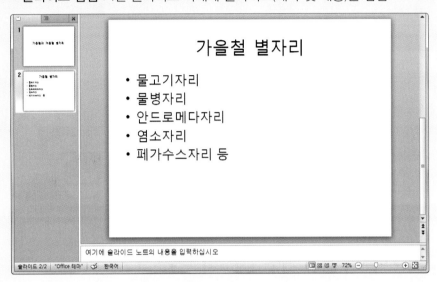

02 다음과 같이 슬라이드를 복제한 후 슬라이드를 수정해 보세요.

• 슬라이드 복제 : 2번 슬라이드를 2번 슬라이드 아래에 복제

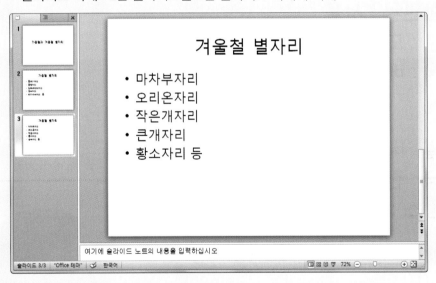

Hint

슬라이드 탭에서 2번 슬라이드를 선택한 후 Ctrl+D를 누르면 2번 슬라이드를 2번 슬라이드 아래에 복제할 수 있습니다.

단락 다루기

◆ 단락 수준을 내리고 올리는 방법에 대해 알아보겠습니다.
◆ 단락 사이의 간격을 지정하는 방법에 대해 알아보겠습니다.

단락은 Enter 를 누른 곳에서부터 다음 Enter 를 누른 곳까지의 내용을
말하는데요. 파워포인트에서는 단락 수준을 올리거나 내릴 수 있으며
단락 사이의 간격을 지정할 수도 있습니다.

아시아와 유럽의 수도

- 아시아
  - 대한민국 : 서울
  - 일본 : 도쿄
  - 중국 : 베이징
- 유럽
  - 독일 : 베를린
  - 영국 : 런던
  - 프랑스 : 파리

1 '아시아와 유럽의 수도' 파일을 연 후 단락 수준을 내리기 위해 내용의 2~8번 단락을 선택한 다음 [홈] 탭-[단락] 그룹에서 ≣[목록 수준 늘림]을 클릭합니다.

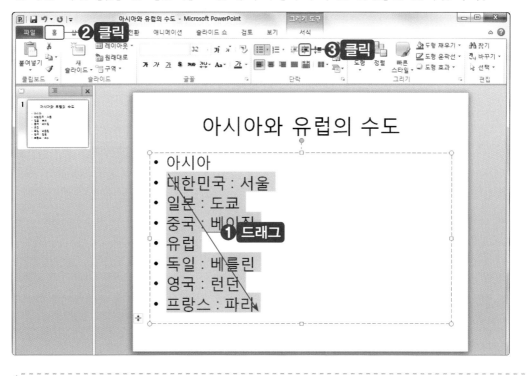

Tip
단락을 선택한 후 Tab 을 눌러 단락 수준을 내릴 수도 있습니다.

2 단락 수준을 올리기 위해 내용의 5번 단락을 선택한 후 [홈] 탭-[단락] 그룹에서 ≣[목록 수준 줄임]을 클릭합니다.

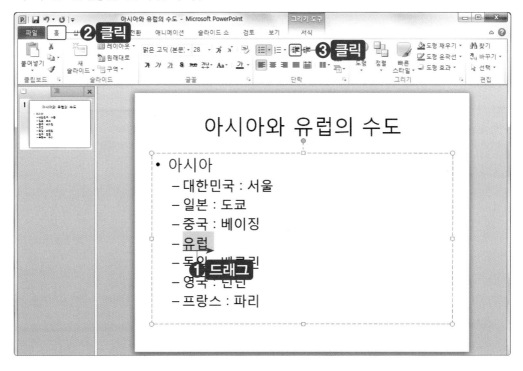

3 다음과 같이 단락 수준이 올려집니다.

> # 아시아와 유럽의 수도
>
> - 아시아
>   - 대한민국 : 서울
>   - 일본 : 도쿄
>   - 중국 : 베이징
> - 유럽
>   - 독일 : 베를린
>   - 영국 : 런던
>   - 프랑스 : 파리

알아뉘면 실력튼튼

단락 선택하기

- **하나의 단락 선택** : 단락을 드래그하거나 단락 앞으로 마우스 포인터를 가져가서 마우스 포인터가 ✛ 모양으로 변경되었을 때 클릭합니다.
- **연속적인 단락 선택** : 첫 번째 단락부터 마지막 단락까지 드래그하거나 첫 번째 단락을 선택한 후 [Shift]를 누른 상태에서 마지막 단락을 선택합니다.
- **비연속적인 단락 선택** : 단락을 선택한 후 [Ctrl]을 누른 상태에서 다른 단락을 선택합니다.
- **모든 단락 선택** : 단락에 커서를 둔 후 [홈] 탭-[편집] 그룹에서 [선택]을 클릭한 다음 [모두 선택]을 클릭하거나 [Ctrl]+[A]를 누릅니다.

[단락] 그룹

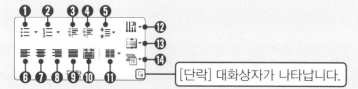

[단락] 대화상자가 나타납니다.

① 글머리 기호 : 글머리 기호를 넣습니다.

② 번호 매기기 : 번호를 매깁니다.

③ 목록 수준 줄임 : 단락 수준을 올립니다.

④ 목록 수준 늘림 : 단락 수준을 내립니다.

⑤ 줄 간격 : 줄 사이의 간격을 지정합니다.

⑥ 텍스트 왼쪽 맞춤 : 개체의 왼쪽에 맞추어 텍스트를 표시합니다.

⑦ 가운데 맞춤 : 가로 방향으로 개체의 가운데에 맞추어 텍스트를 표시합니다.

⑧ 텍스트 오른쪽 맞춤 : 개체의 오른쪽에 맞추어 텍스트를 표시합니다.

⑨ 양쪽 맞춤 : 개체보다 텍스트가 긴 경우, 단어 사이의 간격을 늘려 개체의 왼쪽과 오른쪽에 맞추어 텍스트를 표시합니다.

⑩ 균등 분할 : 문자 사이의 간격을 늘려 개체의 왼쪽과 오른쪽에 맞추어 텍스트를 표시합니다.

⑪ 단 : 텍스트를 둘 이상의 열로 나눕니다.

⑫ 텍스트 방향 : 텍스트를 회전하거나 세로쓰기를 합니다.

⑬ 텍스트 맞춤 : 세로 방향으로 개체의 위쪽, 중간, 아래쪽 중에서 한 군데에 맞추어 텍스트를 표시합니다.

⑭ SmartArt 그래픽으로 변환 : 텍스트를 SmartArt 그래픽으로 변환합니다.

1 내용의 1번 단락과 5번 단락을 선택한 후 [홈] 탭−[단락] 그룹에서 ⬛[추가 옵션]을 클릭합니다.

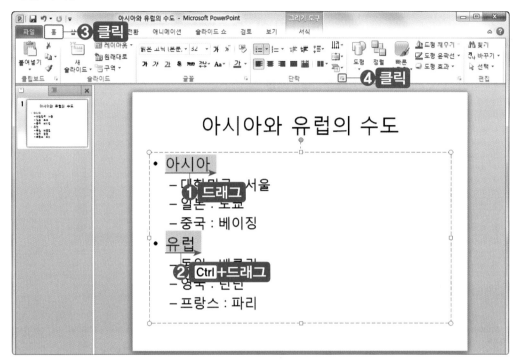

2 [단락] 대화상자가 나타나면 [들여쓰기 및 간격] 탭에서 단락 앞(20)과 단락 뒤(5)를 입력한 후 [확인] 단추를 클릭합니다.

Tip

단락 앞은 Enter를 누른 곳의 위쪽, 단락 뒤는 Enter를 누른 곳의 아래쪽을 말합니다.

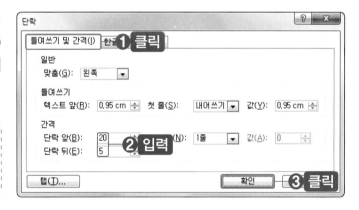

3 다음과 같이 단락 사이의 간격이 지정됩니다.

아시아와 유럽의 수도

• 아시아
  − 대한민국 : 서울
  − 일본 : 도쿄
  − 중국 : 베이징

• 유럽
  − 독일 : 베를린
  − 영국 : 런던
  − 프랑스 : 파리

단락을 위나 아래로 이동하기

다음과 같이 개요 탭에서 단락을 선택한 후 바로 가기 메뉴에서 [위로 이동]을 클릭하면 선택한 단락을 위로 이동할 수 있고, [아래로 이동]을 클릭하면 선택한 단락을 아래로 이동할 수 있습니다.

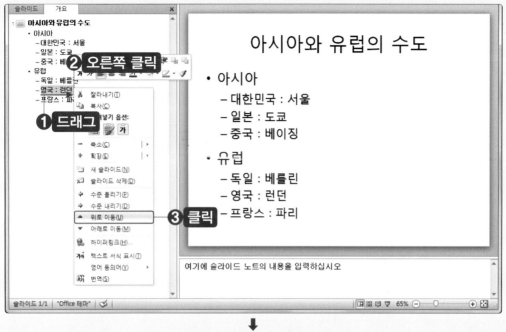

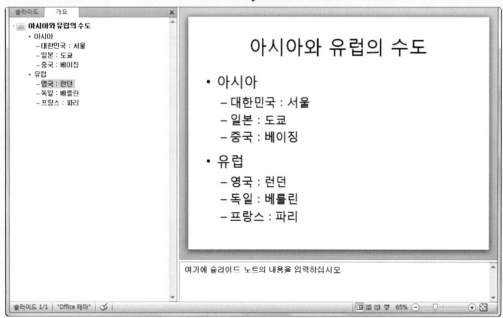

01 다음과 같이 '아메리카의 수도' 파일을 연 후 단락 수준을 내려 보세요.

• 단락 수준 내리기 : 내용의 2번 단락/3번 단락/5~7번 단락

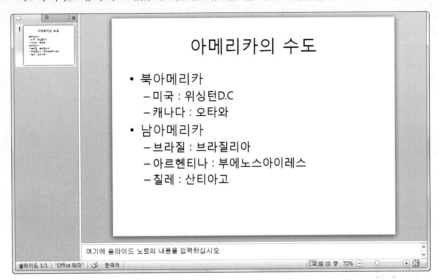

Hint

내용의 2번 단락, 3번 단락, 5~7번 단락을 선택한 후 [홈] 탭-[단락] 그룹에서 ⬛[목록 수준 늘림]을 클릭하면 단락 수준을 내릴 수 있습니다.

02 다음과 같이 단락 사이의 간격을 지정해 보세요.

• 단락 사이의 간격 지정 : 내용의 1번 단락/4번 단락(단락 앞(15), 단락 뒤(0))

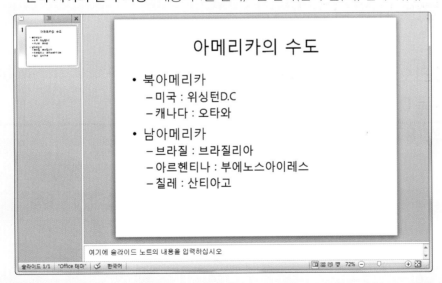

글머리 기호 넣고 번호 매기기

◆글머리 기호를 넣는 방법에 대해 알아보겠습니다.
◆번호를 매기는 방법에 대해 알아보겠습니다.

글머리 기호는 단락 앞에 붙이는 기호를 말하는데요. 서로 관련 있는 내용별로 글머리 기호를 넣거나 번호를 매기면 내용을 일목요연하게 보여줄 수 있습니다.

곤충과 거미의 차이점

❖곤충
    A. 머리와 가슴이 구분된다.
    B. 1쌍(2개)의 더듬이가 있다.
    C. 3쌍(6개)의 다리가 있다.
❖거미
    A. 머리와 가슴이 구분되지 않는다.
    B. 더듬이가 없다.
    C. 4쌍(8개)의 다리가 있다.

1 '곤충과 거미의 차이점' 파일을 연 후 내용의 1번 단락과 5번 단락을 선택한 다음 [홈] 탭–[단락] 그룹에서 [글머리 기호]의 ▾[목록] 단추를 클릭하고 ❖[별표 글머리 기호]를 클릭합니다.

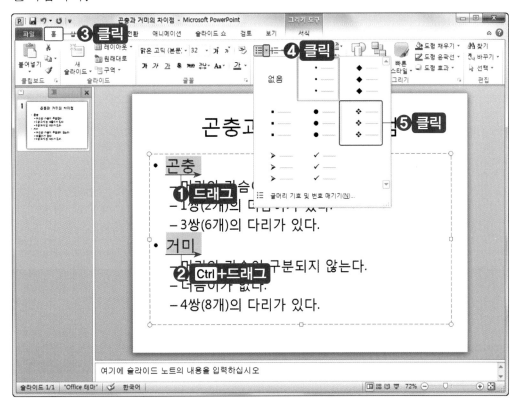

Tip

단락을 선택한 후 [홈] 탭–[단락] 그룹에서 [글머리 기호]를 선택하면 기본 글머리 기호(여기서는 •)가 넣어지고, [글머리 기호]를 선택 해제하면 글머리 기호가 제거됩니다.

2 다음과 같이 글머리 기호가 넣어집니다.

곤충과 거미의 차이점

❖곤충
– 머리와 가슴이 구분된다.
– 1쌍(2개)의 더듬이가 있다.
– 3쌍(6개)의 다리가 있다.
❖거미
– 머리와 가슴이 구분되지 않는다.
– 더듬이가 없다.
– 4쌍(8개)의 다리가 있다.

그림 글머리 기호 넣기

다음과 같이 단락을 선택한 후 [홈] 탭–[단락] 그룹에서 [글머리 기호]의 •[목록] 단추를 클릭한 다음 [글머리 기호 및 번호 매기기]를 클릭하면 [글머리 기호 및 번호 매기기] 대화상자가 나타나고, [글머리 기호 및 번호 매기기] 대화상자의 [글머리 기호] 탭에서 [그림] 단추를 클릭하면 [그림 글머리 기호] 대화상자가 나타나는데요. [그림 글머리 기호] 대화상자에서 그림 글머리 기호를 선택한 후 [확인] 단추를 클릭하면 그림 글머리 기호를 넣을 수 있습니다.

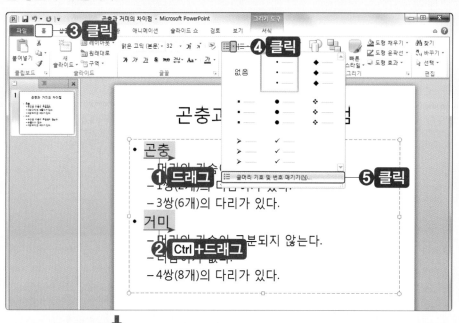

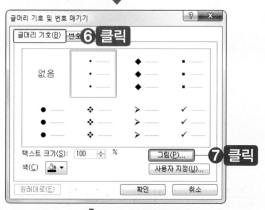

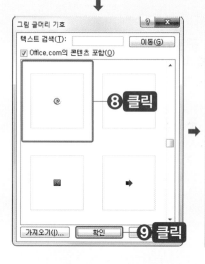

1 내용의 2~4번 단락과 6~8번 단락을 선택한 후 [홈] 탭-[단락] 그룹에서 [번호 매기기]의 ▾[목록] 단추를 클릭한 다음 [A. B. C.]를 클릭합니다.

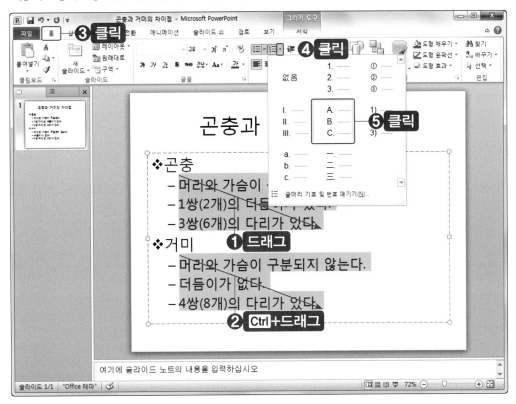

Tip

단락을 선택한 후 [홈] 탭-[단락] 그룹에서 [번호 매기기]를 선택하면 기본 번호(여기서는 1. 2. 3.)가 매겨지고, [번호 매기기]를 선택 해제하면 번호가 제거됩니다.

2 다음과 같이 번호가 매겨집니다.

> # 곤충과 거미의 차이점
>
> ❖곤충
>   A. 머리와 가슴이 구분된다.
>   B. 1쌍(2개)의 더듬이가 있다.
>   C. 3쌍(6개)의 다리가 있다.
> ❖거미
>   A. 머리와 가슴이 구분되지 않는다.
>   B. 더듬이가 없다.
>   C. 4쌍(8개)의 다리가 있다.

시작 번호 변경하기

다음과 같이 단락을 선택한 후 [홈] 탭–[단락] 그룹에서 [번호 매기기]의 ·[목록] 단추를 클릭한 다음 [글머리 기호 및 번호 매기기]를 클릭하면 [글머리 기호 및 번호 매기기] 대화상자가 나타나는데요. [글머리 기호 및 번호 매기기] 대화상자의 [번호 매기기] 탭에서 시작 번호를 입력한 후 [확인] 단추를 클릭하면 시작 번호를 변경할 수 있습니다.

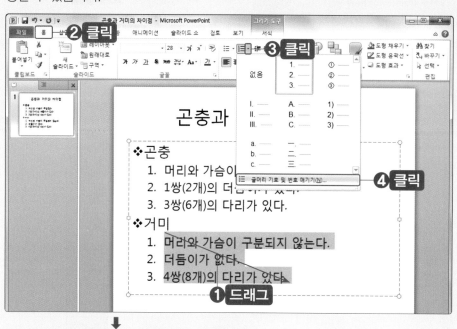

01 다음과 같이 '나비와 나방의 차이점' 파일을 연 후 글머리 기호를 넣어 보세요.

- 글머리 기호 넣기 : 내용의 1번 단락/5번 단락(그림 글머리 기호(❷))

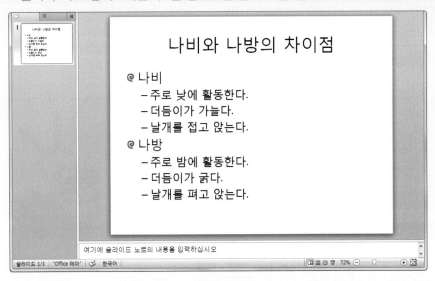

02 다음과 같이 번호를 매겨 보세요.

- 번호 매기기 : 내용의 2~4번 단락/6~8번 단락(a. b. c.)

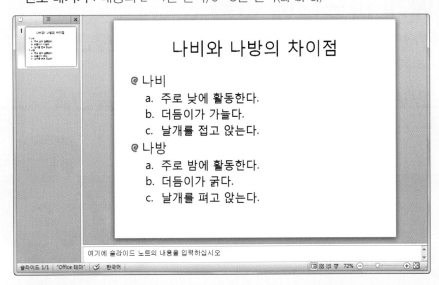

글꼴 서식 지정하고 서식 복사하기

◆ 글꼴 서식을 지정하는 방법에 대해 알아보겠습니다.
◆ 서식을 복사하는 방법에 대해 알아보겠습니다.

글꼴, 글꼴 크기, 글꼴 색 등의 글꼴 서식은 텍스트를 꾸밀 수 있는 기능이고, 서식 복사는 텍스트에 지정된 서식을 복사하여 다른 텍스트에 지정할 수 있는 기능입니다.

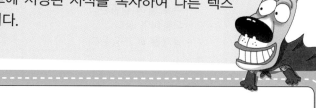

시장의 종류

• **무엇을 파느냐에 따른 분류**
  – *농산물시장 : 농산물을 파는 시장*
  – *수산물시장 : 수산물을 파는 시장*

• **누구에게 파느냐에 다른 분류**
  – *도매시장 : 중간 상인에게 묶음으로 물건을 파는 시장*
  – *소매시장 : 일반 소비자에게 낱개로 물건을 파는 시장*

1 '시장의 종류' 파일을 연 후 내용의 1번 단락을 선택한 다음 [홈] 탭-[글꼴] 그룹에서 글꼴(HY헤드라인M), 글꼴 크기(36), 글꼴 색(자주, 강조 4)을 선택하고 **가**[굵게]를 클릭합니다.

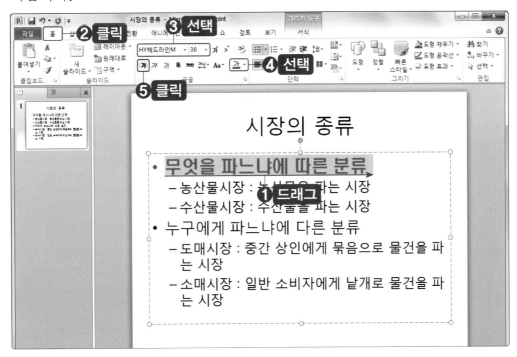

알아두면 실력튼튼

[글꼴] 그룹

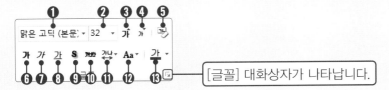

[글꼴] 대화상자가 나타납니다.

❶ 글꼴 : 텍스트의 모양을 지정합니다.

❷ 글꼴 크기 : 텍스트의 크기를 지정합니다.

❸ 글꼴 크기 크게 : 텍스트의 크기를 크게 합니다.

❹ 글꼴 크기 작게 : 텍스트의 크기를 작게 합니다.

❺ 모든 서식 지우기 : 텍스트에 지정된 모든 서식을 지웁니다.

❻ 굵게 : 텍스트를 진하게 표시합니다.

❼ 기울임꼴 : 텍스트를 비스듬하게 표시합니다.

❽ 밑줄 : 텍스트 아래에 밑줄을 표시합니다.

❾ 텍스트 그림자 : 텍스트 뒤에 그림자를 표시합니다.

❿ 취소선 : 텍스트 중간에 취소선을 표시합니다.

⓫ 문자 간격 : 문자 사이의 간격을 지정합니다.

⓬ 대/소문자 바꾸기 : 대/소문자를 바꿉니다.

⓭ 글꼴 색 : 텍스트의 색을 지정합니다.

2 내용의 2번 단락과 3번 단락을 선택한 후 [홈] 탭-[글꼴] 그룹에서 ▫[추가 옵션]을 클릭합니다.

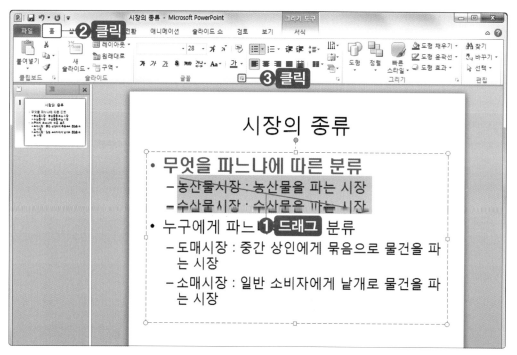

3 [글꼴] 대화상자가 나타나면 [글꼴] 탭에서 한글 글꼴(HY수평선M), 글꼴 스타일(기울임꼴), 크기(30), 글꼴 색(파랑, 강조 1)을 지정한 후 [확인] 단추를 클릭합니다.

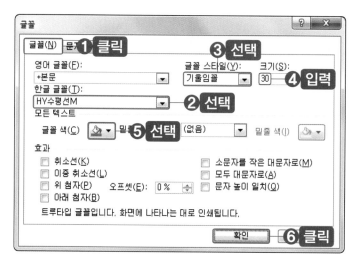

4 다음과 같이 글꼴 서식이 지정됩니다.

시장의 종류

• 무엇을 파느냐에 따른 분류
  – 농산물시장 : 농산물을 파는 시장
  – 수산물시장 : 수산물을 파는 시장
• 누구에게 파느냐에 다른 분류
  – 도매시장 : 중간 상인에게 묶음으로 물건을 파는 시장
  – 소매시장 : 일반 소비자에게 낱개로 물건을 파는 시장

1 내용의 1번 단락을 선택한 후 [홈] 탭-[클립보드] 그룹에서 ✔[서식 복사]를 클릭합니다.

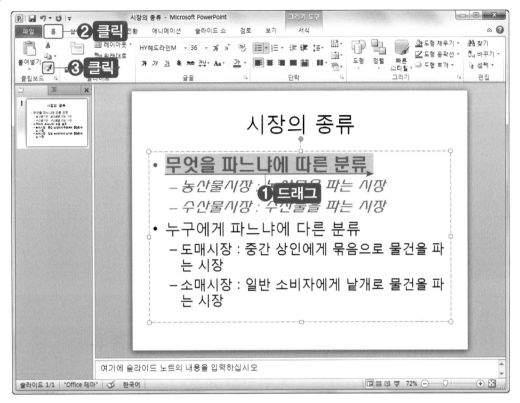

Tip

단락을 선택한 후 [홈] 탭-[클립보드] 그룹에서 ✔[서식 복사]를 클릭하면 서식 복사를 한 번만 할 수 있고, ✔[서식 복사]를 더블클릭하면 서식 복사를 Esc를 눌러 서식 복사를 해제할 때까지 할 수 있습니다.

2 마우스 포인터가 ▲| 모양으로 변경되면 내용의 4번 단락을 선택합니다.

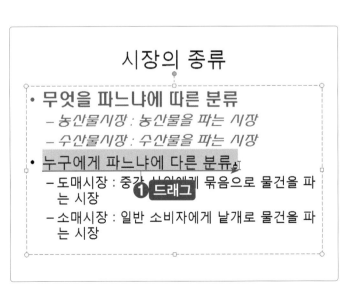

3 내용의 2번 단락을 선택한 후 [홈] 탭–[클립보드] 그룹에서 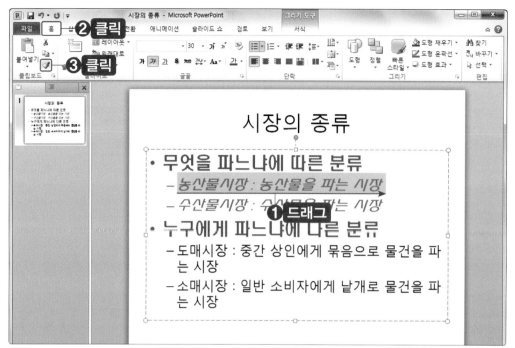[서식 복사]를 클릭합니다.

4 마우스 포인터가 모양으로 변경되면 내용의 5번 단락과 6번 단락을 선택합니다.

5 다음과 같이 서식이 지정됩니다.

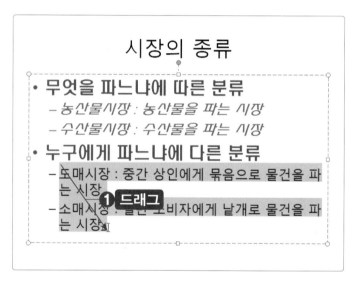

01 다음과 같이 '상설시장과 정기시장' 파일을 연 후 글꼴 서식을 지정해 보세요.

- **내용의 1번 단락** : 글꼴(휴먼엑스포), 글꼴 크기(40), 글꼴 색(빨강, 강조 2), **S**[텍스트 그림자]
- **내용의 2번 단락** : 글꼴(휴먼모음T), 글꼴 크기(36), 글꼴 색(바다색, 강조 5), **가**[기울임꼴]

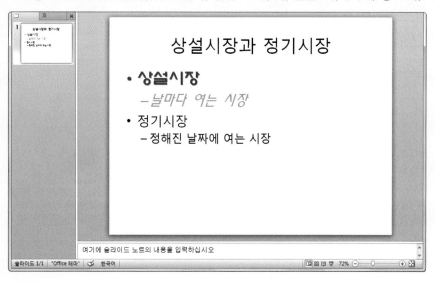

02 다음과 같이 서식 복사를 해 보세요.

- **서식 복사** : 내용의 1번 단락에 지정된 서식을 복사하여 내용의 3번 단락에 지정, 내용의 2번 단락에 지정된 서식을 복사하여 내용의 4번 단락에 지정

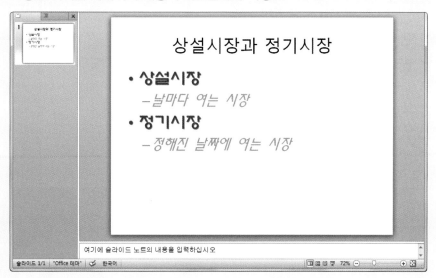

Hint

내용의 1번 단락을 선택한 후 [홈] 탭-[클립보드] 그룹에서 ✔[서식 복사]를 클릭한 다음 내용의 3번 단락을 선택하면 내용의 1번 단락에 지정된 서식을 복사하여 내용의 3번 단락에 지정할 수 있습니다.

테마 지정하기

Chapter 07

◆ 테마를 지정하는 방법에 대해 알아보겠습니다.
◆ 테마 색과 테마 글꼴을 변경하는 방법에 대해 알아보겠습니다.

파워포인트에서는 프레젠테이션의 전반적인 디자인을 변경할 수 있는 테마를 제공하는데요. 테마는 테마 색, 테마 글꼴, 테마 효과로 구성된 서식 모음입니다.

세계유산의 분류

- 문화유산 : 역사, 예술, 학문적으로 뛰어난 가치를 지닌 건축물이나 유적지 등
- 자연유산 : 과학상 또는 미관상 뛰어난 가치를 지닌 곳이나 멸종 위기에 처한 동식물의 서식지 등
- 복합유산 : 문화유산과 자연유산의 특징을 함께 갖고 있는 유산

1 '세계유산의 분류' 파일을 연 후 [디자인] 탭-[테마] 그룹에서 [자세히] 단추를 클릭합니다.

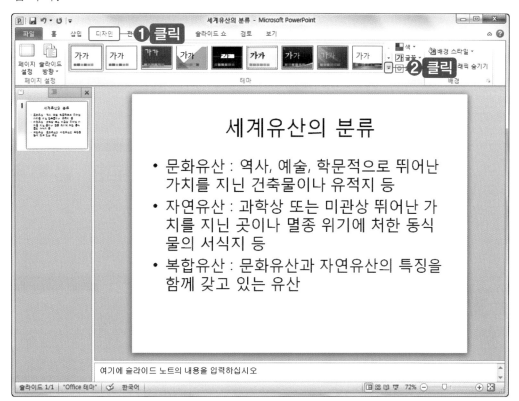

2 테마 목록이 나타나면 [오스틴]을 클릭합니다.

3 다음과 같이 테마가 지정됩니다.

배경 스타일과 배경 그래픽 숨기기

다음과 같이 [디자인] 탭–[배경] 그룹에서 [배경 스타일]을 클릭하면 테마의 배경 스타일을 변경할 수 있고, [배경 그래픽 숨기기]를 선택하면 테마의 배경 그래픽을 숨길 수 있습니다.

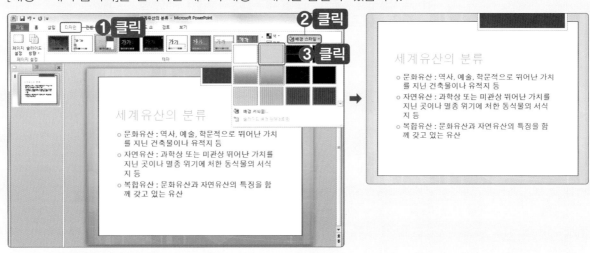

▲ 테마의 배경 스타일을 변경하는 경우

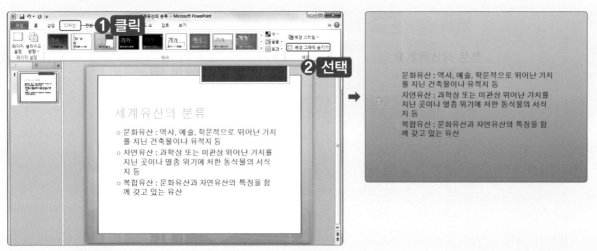

▲ 테마의 배경 그래픽을 숨기는 경우

1 테마 색을 변경하기 위해 [디자인] 탭–[테마] 그룹에서 [색]을 클릭한 후 [기류]를 클릭합니다.

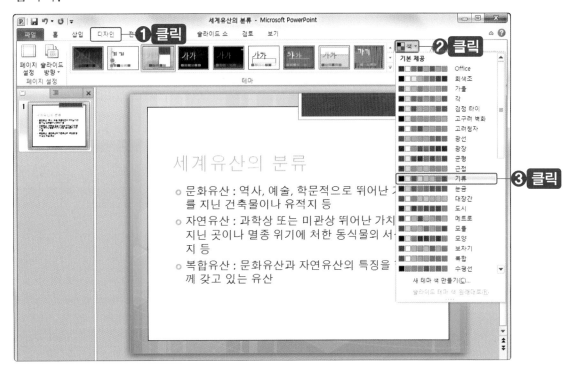

2 테마 글꼴을 변경하기 위해 [디자인] 탭–[테마] 그룹에서 [글꼴]을 클릭한 후 [Office]를 클릭합니다.

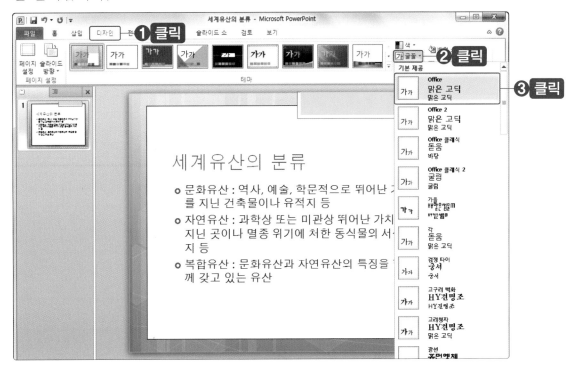

3 다음과 같이 테마 글꼴이 변경됩니다.

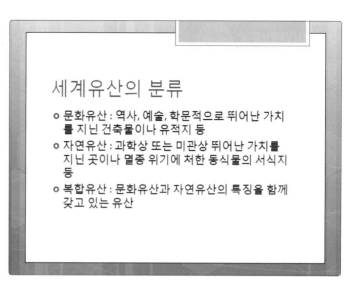

테마 효과 변경하기

다음과 같이 [디자인] 탭-[테마] 그룹에서 [효과]를 클릭하면 테마 효과를 변경할 수 있습니다.

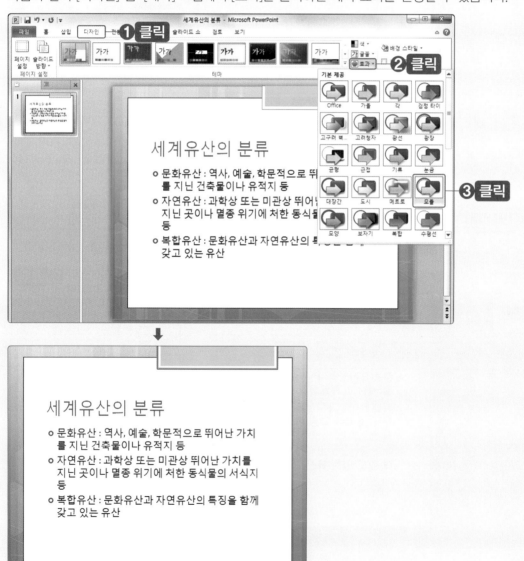

01 다음과 같이 '우리나라의 세계유산' 파일을 연 후 테마를 지정해 보세요.

- 테마 지정 : 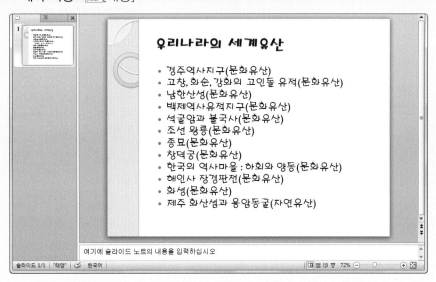[태양]

02 다음과 같이 테마 색과 테마 글꼴을 변경해 보세요.

- 테마 색 변경 : 광선
- 테마 글꼴 변경 : 고려청자

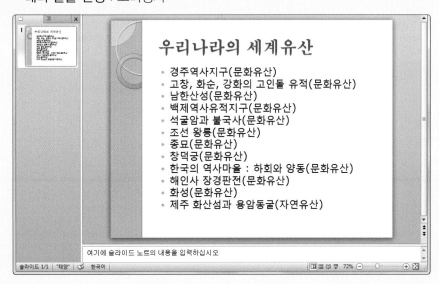

Hint

[디자인] 탭–[테마] 그룹에서 [색]을 클릭한 후 [광선]을 클릭하면 테마 색을 변경할 수 있고, [디자인] 탭–[테마] 그룹에서 [글꼴]을 클릭한 후 [고려청자]를 클릭하면 테마 글꼴을 변경할 수 있습니다.

01 다음 중 프레젠테이션을 만들 수 있는 프로그램 중에서 가장 대표적인 프로그램은 어느 것인지 골라 보세요.

① 한글　　　　　　　② 워드

③ 파워포인트　　　　④ 엑셀

02 다음 중 파워포인트의 화면 구성 요소에 대한 설명으로 옳은 것은 어느 것인지 골라 보세요.

① 빠른 실행 도구 모음 : 메뉴와 도구 모음이 하나로 통합된 메뉴입니다.

② 슬라이드 창 : 슬라이드를 작성하는 곳입니다.

③ 슬라이드 탭 : 슬라이드에 있는 텍스트가 표시되는 곳입니다.

④ 개요 탭 : 슬라이드를 축소한 그림이 표시되는 곳입니다.

03 다음 □ 안에 들어갈 말은 무엇인지 적어 보세요.

슬라이드에서 텍스트 상자, 표, 차트 등의 개체가 배치되는 모양을 □□□(이)라고 합니다.

04 다음과 같이 슬라이드를 작성하려고 합니다. 어떤 레이아웃을 선택해야 하는지 골라 보세요.

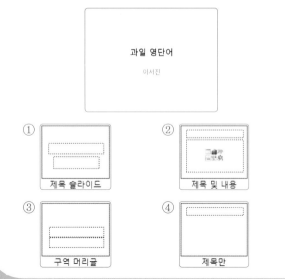

05 다음 중 슬라이드를 복제할 수 있는 키는 어느 것인지 골라 보세요.

① Ctrl+D　　　　　② Shift+D

③ Alt+D　　　　　　④ Tab+D

06 다음 중 단락에 대한 설명으로 옳은 것은 어느 것인지 골라 보세요

① Enter 를 누른 곳에서부터 다음 Enter 를 누른 곳까지의 내용을 말합니다.

② 단락을 선택한 후 Tab 을 누르면 단락 수준을 올릴 수 있습니다.

③ 단락을 선택한 후 [홈] 탭-[단락] 그룹에서 ≣[목록 수준 줄임]을 클릭하면 단락 수준을 내릴 수 있습니다.

④ 단락에 커서를 둔 후 Ctrl+D를 누르면 모든 단락을 선택할 수 있습니다.

07 다음 중 텍스트 뒤에 그림자를 표시할 수 있는 기능은 어느 것인지 골라 보세요.

① 가　　　　　　　② 가

③ 가　　　　　　　④ ＄

08 텍스트에 지정된 서식을 복사하여 다른 텍스트에 지정할 수 있는 기능은 무엇인지 적어 보세요.

(　　　　　　　　)

■ 정답은 160 페이지에 있습니다.

09 다음과 같이 '화폐의 역사' 파일을 연 후 단락 수준을 내린 다음 테마를 지정해 보세요.
- 단락 수준 내리기 : 내용의 2번 단락/4번 단락
- 테마 지정 : 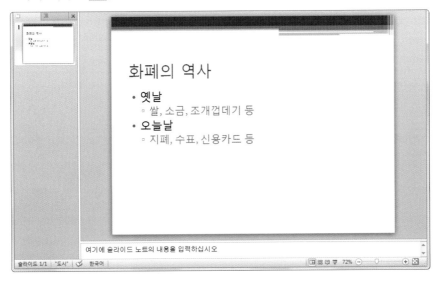[도시]

10 다음과 같이 '은행이 하는 일' 파일을 연 후 글머리 기호를 넣은 다음 글꼴 서식을 지정해 보세요.
- 글머리 기호 넣기 : 내용(■[속이 찬 정사각형 글머리 기호])
- 제목 : 글꼴(HY수평선M), 글꼴 크기(54), 글꼴 색(바다색, 강조 5, 25% 더 어둡게), S[텍스트 그림자]
- 내용 : 글꼴(HY나무M), 글꼴 크기(40), 글꼴 색(황록색, 강조 3, 25% 더 어둡게), 가[굵게], 가[기울임꼴]

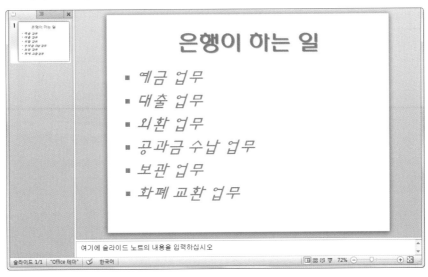

WordArt와 클립 아트 활용하기

◆WordArt를 활용하는 방법에 대해 알아보겠습니다.
◆클립 아트를 활용하는 방법에 대해 알아보겠습니다.

WordArt는 텍스트 채우기나 텍스트 윤곽선 등이 미리 정의되어 있는 텍스트 스타일이고, 클립 아트는 그림 모음인데요. WordArt를 활용하면 화려한 제목을 작성할 수 있고, 내용과 어울리는 클립 아트를 활용하면 내용을 부각시킬 수 있습니다.

위치 : 유럽 대륙 서쪽 북대서양
수도 : 런던
언어 : 영어
기후 : 서안해양성 기후

1 '영국' 파일을 연 후 WordArt를 삽입하기 위해 [삽입] 탭-[텍스트] 그룹에서 [WordArt]를 클릭한 다음 **A**[그라데이션 채우기 - 파랑, 강조 1]을 클릭합니다.

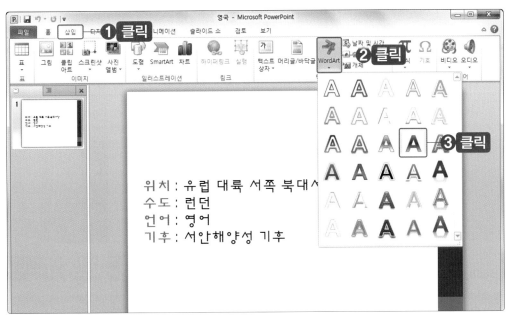

2 WordArt가 삽입되면 WordArt 텍스트(영국)를 입력한 후 WordArt 텍스트에 글꼴 서식을 지정하기 위해 WordArt 텍스트를 드래그하여 선택한 다음 [홈] 탭-[글꼴] 그룹에서 글꼴(HY울릉도M)을 선택합니다.

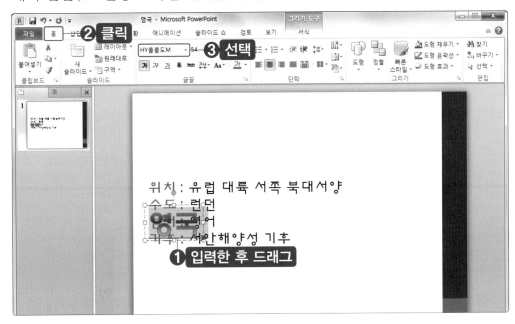

Tip
• WordArt가 삽입된 후 바로 WordArt 텍스트를 입력하면 기존 WordArt 텍스트가 지워진 다음 새 WordArt 텍스트가 입력됩니다.
• WordArt 텍스트로 마우스 포인터를 가져가서 마우스 포인터가 I 모양으로 변경되었을 때 클릭하면 WordArt 텍스트를 수정할 수 있습니다.

3 WordArt에 네온 텍스트 효과를 지정하기 위해 WordArt를 선택한 후 [그리기 도구] 정황 탭-[서식] 탭-[WordArt 스타일] 그룹에서 [텍스트 효과]를 클릭한 다음 [네온]- [바다색, 8 pt 네온, 강조색 5]를 클릭합니다.

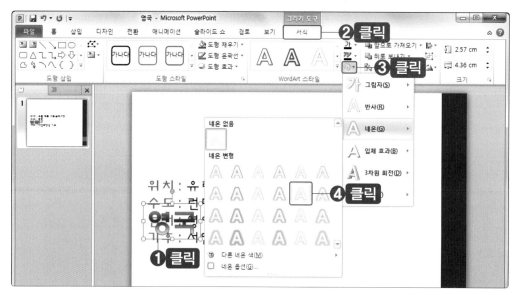

알아두면 실력튼튼

개체 선택하기

• 하나의 개체 선택 : 개체로 마우스 포인터를 가져가서 마우스 포인터가 ⁺⁺ 모양으로 변경되었을 때 클릭합니다.
• 여러 개체 선택 : 개체를 선택한 후 Shift를 누른 상태에서 다른 개체를 선택합니다.

개체 선택 해제하기

• 방법1 : 슬라이드의 빈 부분을 클릭합니다.
• 방법2 : Esc를 누릅니다.

4 WordArt에 변환 텍스트 효과를 지정하기 위해 [그리기 도구] 정황 탭-[서식] 탭-[WordArt 스타일] 그룹에서 [텍스트 효과]를 클릭한 후 [변환]-abcde[갈매기형 수장]을 클릭합니다.

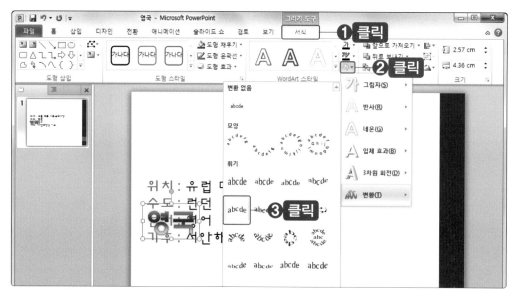

5 WordArt에 변환 텍스트 효과가 지정되면 다음과 같이 WordArt를 이동시킨 후 WordArt의 크기를 조정합니다.

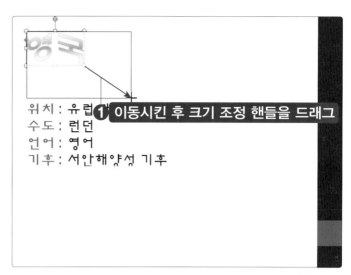

알아두면 실력튼튼

WordArt에 텍스트 채우기와 텍스트 윤곽선 지정하기

WordArt를 선택한 후 [그리기 도구] 정황 탭-[서식] 탭-[WordArt 스타일] 그룹에서 간[텍스트 채우기]의 ▼[목록] 단추를 클릭하면 WordArt에 텍스트 채우기를 지정할 수 있고, 꽈[텍스트 윤곽선]의 ▼[목록] 단추를 클릭하면 WordArt에 텍스트 윤곽선을 지정할 수 있는데요. WordArt에 텍스트 채우기를 지정하면 WordArt 텍스트의 내부가 변경되고, WordArt에 텍스트 윤곽선을 지정하면 WordArt 텍스트의 테두리가 변경됩니다.

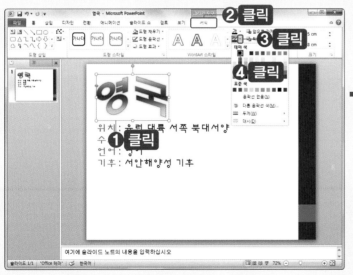
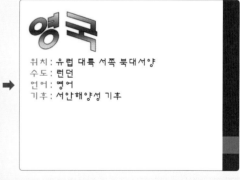

▲ WordArt에 텍스트 윤곽선을 지정하는 경우

1 클립 아트를 삽입하기 [삽입] 탭–[이미지] 그룹에서 [클립 아트]를 클릭합니다.

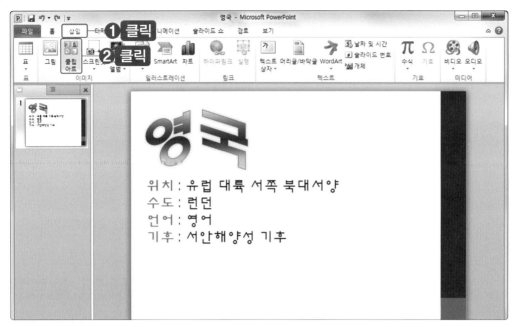

2 클립 아트 작업창이 나타나면 검색 대상(영국)을 입력한 후 [Office.com 콘텐츠 포함]을 선택한 다음 [이동] 단추를 클릭합니다.

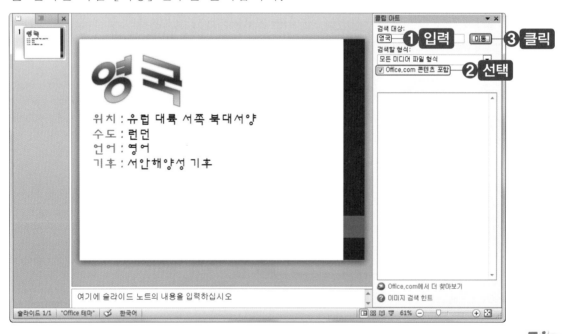

> **Tip**
> [Office.com 콘텐츠 포함]을 선택 해제하면 파워포인트에서 제공하는 클립 아트만 검색합니다.

3 클립 아트가 검색되어 나타나면 삽입할 클립 아트(📷)를 클릭합니다.

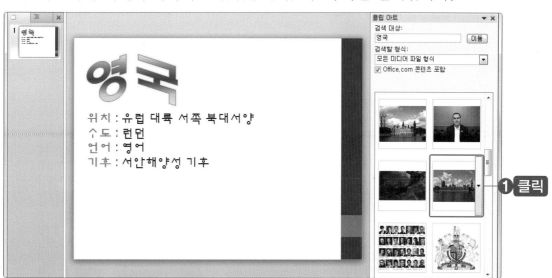

① 클릭

개체의 겹치는 순서 다시 매기기

개체를 서로 겹치면 나중에 삽입한 개체가 먼저 삽입한 개체 위에 겹쳐지는데요. 개체를 선택한 후 [그리기 도구]/[그림 도구] 정황 탭-[서식] 탭-[정렬] 그룹에서 [앞으로 가져오기]의 ▾[목록] 단추를 클릭한 다음 [앞으로 가져오기]/[맨 앞으로 가져오기]를 클릭하거나 [뒤로 보내기]의 ▾[목록] 단추를 클릭한 다음 [뒤로 보내기]/[맨 뒤로 보내기]를 클릭하면 개체의 겹치는 순서를 다시 매길 수 있습니다. WordArt나 도형을 선택하면 [그리기 도구] 정황 탭이 나타나고, 그림이나 클립 아트를 선택하면 [그림 도구] 정황 탭이 나타납니다.

맨 앞으로 가져오기
선택한 개체(📷)가 맨 위로 이동

앞으로 가져오기
선택한 개체(📷)가 한 단계 위로 이동

←

→

맨 뒤로 보내기
선택한 개체(📷)가 맨 아래로 이동

뒤로 보내기
선택한 개체(📷)가 한 단계 아래로 이동

←
→

4 클립 아트가 삽입되면 클립 아트 작업창을 닫기 위해 클립 아트 작업창의 ✖[닫기] 단추를 클릭합니다.

5 클립 아트에 그림 스타일을 적용하기 위해 [그림 도구] 정황 탭-[서식] 탭-[그림 스타일] 그룹에서 ⯆[자세히] 단추를 클릭합니다.

> **Tip**
>
> 클립 아트나 그림을 선택한 후 [그림 도구] 정황 탭-[서식] 탭-[조정] 그룹에서 📷[그림 원래대로]의 ⯆[목록] 단추를 클릭한 다음 [그림 원래대로]를 클릭하면 클립 아트나 그림에 지정한 서식을 제거할 수 있고, [그림 및 크기 다시 설정]을 클릭하면 그림의 크기를 원래대로 되돌릴 수 있습니다.

6 그림 스타일 목록이 나타나면 [회전, 흰색]을 클릭합니다.

7 클립 아트의 크기를 조정하기 위해 [그림 도구] 정황 탭-[서식] 탭-[크기] 그룹에서 [추가 옵션]을 클릭합니다.

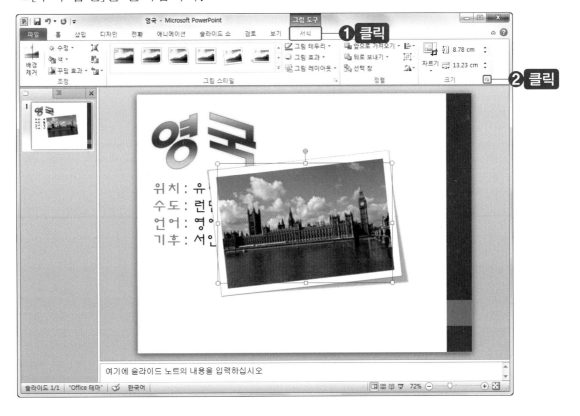

8 [그림 서식] 대화상자가 나타나면 [크기]에서 [가로 세로 비율 고정] 과 [원래 크기에 비례하여]가 선택 되어 있는지 확인한 후 배율의 높이(85 %)를 입력한 다음 [닫기] 단 추를 클릭합니다.

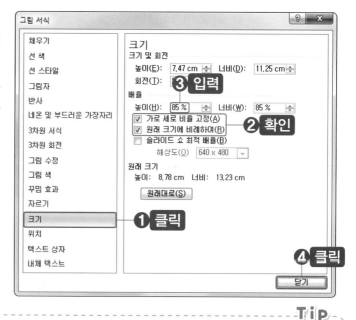

Tip

[가로 세로 비율 고정]이 선택되어 있으면 배율의 높이(세로 크기)만 입력해도 배율의 너비(가로 크기) 가 같은 비율로 변경되고, [원래 크기에 비례하여]가 선택되어 있으면 원래 크기에 비례하여 배율의 높이와 너비만큼 확대되거나 축소됩니다.

9 클립 아트의 크기가 조정되면 다 음과 같이 클립 아트를 이동시킵 니다.

01 다음과 같이 '프랑스' 파일을 연 후 WordArt를 활용하여 슬라이드를 작성해 보세요.

- **WordArt** : WordArt 스타일(**A**[채우기 – 빨강, 강조 2, 무광택 입체]), 네온 텍스트 효과(**A**[빨강, 8 pt 네온, 강조색 2]), 변환 텍스트 효과(abcde[중지]), 텍스트 윤곽선(흰색, 배경 1)
- **WordArt 텍스트** : 글꼴(휴먼아미체)

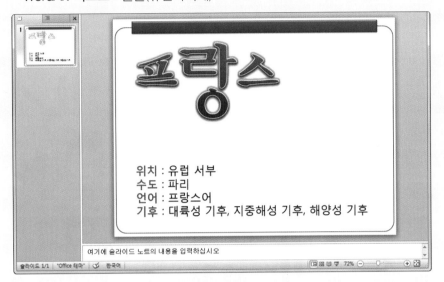

> **Hint**
>
> WordArt를 선택한 후 [그리기 도구] 정황 탭–[서식] 탭–[WordArt 스타일] 그룹에서 ✏[텍스트 윤곽선]의 ▾[목록] 단추를 클릭한 다음 [흰색, 배경 1]을 클릭하면 WordArt에 텍스트 윤곽선을 지정할 수 있습니다.

02 다음과 같이 클립 아트를 활용하여 슬라이드를 작성해 보세요.

- **클립 아트** : 검색 대상(프랑스), 그림 스타일(🖼[사각형 가운데 그림자]), 클립 아트의 크기(배율(높이(150 %), 너비(150 %)))

도형과 그림 활용하기

◆도형을 활용하는 방법에 대해 알아보겠습니다.
◆그림을 활용하는 방법에 대해 알아보겠습니다.

파워포인트에서는 선, 사각형, 블록 화살표, 수식 도형 등의 다양한 도형을 제공하는데요. 도형과 그림을 활용하면 슬라이드를 돋보이게 꾸밀 수 있습니다.

오세암

개요	애니메이션, 드라마/한국/75분/2003년 5월 1일 개봉
감독	성백엽
출연	김서영(길손이 목소리), 박선영(감이 목소리) 등

1 '오세암' 파일을 연 후 도형을 삽입하기 위해 [삽입] 탭-[일러스트레이션] 그룹에서 [도형]을 클릭한 다음 ▭[모서리가 둥근 직사각형]을 클릭합니다.

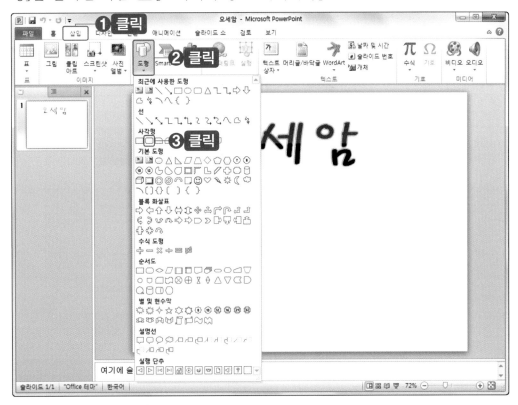

2 마우스 포인터가 + 모양으로 변경되면 다음과 같이 드래그하여 도형을 그립니다.

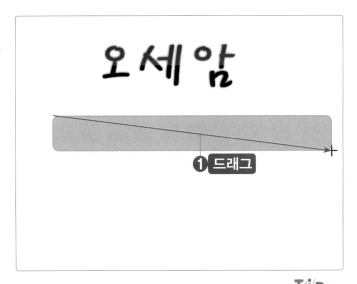

Tip

Shift를 누른 상태에서 직사각형이나 타원을 그리면 정사각형이나 정원(완전히 동그란 원)이 그려지고, Ctrl을 누른 상태에서 도형을 그리면 도형을 그리기 시작한 위치가 도형의 중심이 됩니다.

3 도형 스타일을 적용하기 위해 [그리기 도구] 정황 탭-[서식] 탭-[도형 스타일] 그룹에서 ▼[자세히] 단추를 클릭합니다.

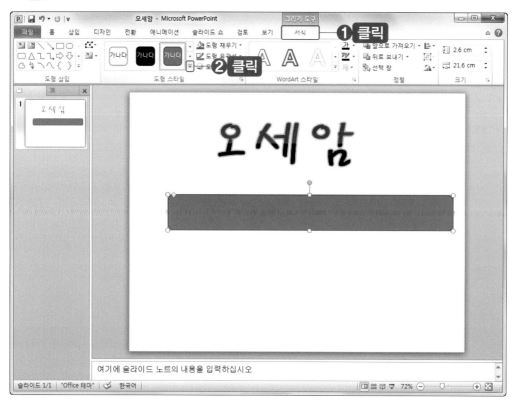

4 도형 스타일 목록이 나타나면 [미세 효과 – 검정, 어둡게 1]을 클릭합니다.

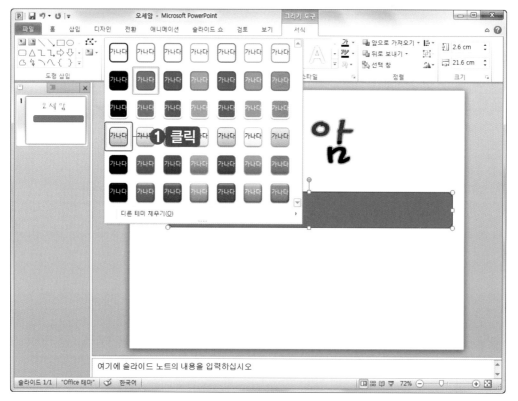

5 같은 방법으로 다음과 같이 ◯ 도
형을 삽입한 후 ◯ 도형에 도형
스타일을 적용합니다.

┌─ **Tip** ─┐
도형 : ◯[타원], 도형 스타일(■[밝
은 색 1 윤곽선, 색 채우기 – 검정,
어둡게 1])

6 ◯ 도형에 도형 텍스트(개요)를 입력한 후 도형 텍스트에 글꼴 서식을 지정하기 위해
도형 텍스트를 드래그하여 선택한 다음 [홈] 탭-[글꼴] 그룹에서 글꼴(HY수평선M)과
글꼴 크기(28)를 선택합니다.

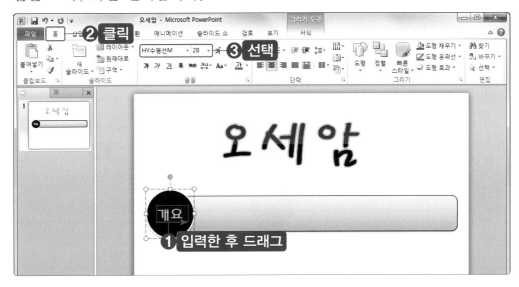

┌─ **Tip** ─┐
도형을 선택한 후 바로 도형 텍스트를 입력하거나 도형의 바로 가기 메뉴에서 [텍스트 편집]을 클릭하
면 도형 텍스트를 입력할 수 있고, 도형 텍스트로 마우스 포인터를 가져가서 마우스 포인터가 I 모양
으로 변경되었을 때 클릭하면 도형 텍스트를 수정할 수 있습니다.

7 같은 방법으로 다음과 같이 ▭ 도
형에 도형 텍스트를 입력합니다.

8 도형을 그룹화하기 위해 ◯ 도형과 ☐ 도형을 선택한 후 [그리기 도구] 정황 탭-[서식] 탭-[정렬] 그룹에서 🖼[그룹]을 클릭한 다음 [그룹]을 클릭합니다.

Tip

그룹은 선택한 개체를 합쳐서 하나의 개체로 만드는 것을 말합니다.

9 그룹화된 도형을 복사하기 위해 다음과 같이 Ctrl과 Shift를 누른 상태에서 그룹화된 도형을 아래쪽으로 드래그합니다.

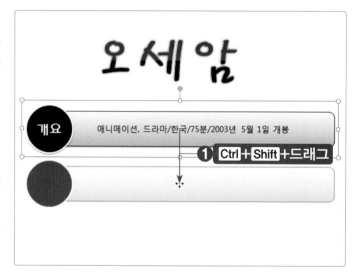

Tip

도형을 선택한 후 Ctrl을 누른 상태에서 드래그하면 도형이 복사되고, Shift를 누른 상태에서 드래그하면 수평이나 수직 방향으로 이동됩니다.

10 같은 방법으로 다음과 같이 그룹화된 도형을 1개 더 복사한 후 도형 텍스트를 수정합니다.

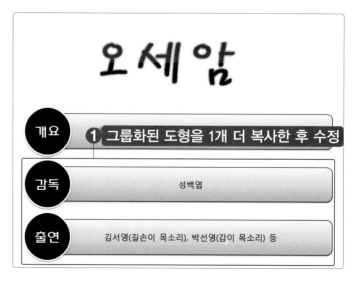

1 그림을 삽입하기 위해 [삽입] 탭-[이미지] 그룹에서 [그림]을 클릭합니다.

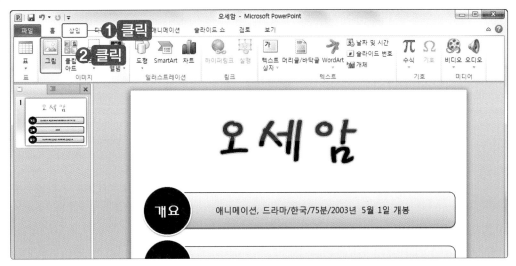

2 [그림 삽입] 대화상자가 나타나면 위치(C:\스마트스쿨\파워포인트 2010\Chapter10)를 선택한 후 파일(오세암)을 선택한 다음 [삽입] 단추를 클릭합니다.

3 그림에 꾸밈 효과를 지정하기 위해 [그림 도구] 정황 탭-[서식] 탭-[조정] 그룹에서 [꾸밈 효과]를 클릭한 후 [연필 회색조]를 클릭합니다.

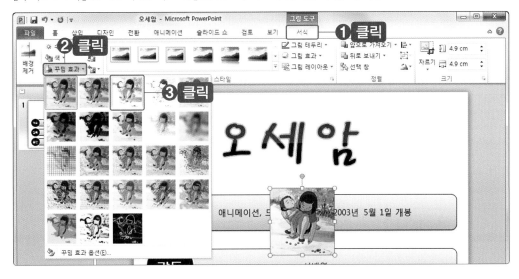

4 그림에 꾸밈 효과가 지정되면 다음과 같이 그림을 이동시킵니다.

그림에 다시 칠하기 지정하기

다음과 같이 그림을 선택한 후 [그림 도구] 정황 탭–[서식] 탭–[조정] 그룹에서 [색]을 클릭하면 그림에 다시 칠하기를 지정할 수 있습니다.

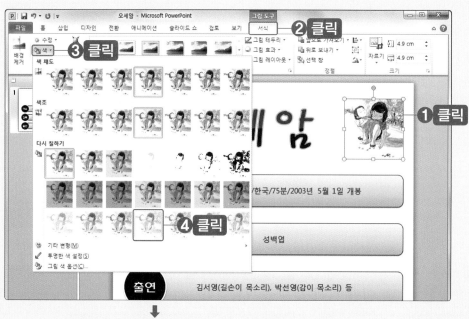

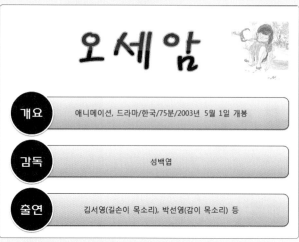

01 다음과 같이 '마당을 나온 암탉' 파일을 연 후 도형을 활용하여 슬라이드를 작성해 보세요.

- **도형** : ▭[대각선 방향의 모서리가 잘린 사각형], 도형 스타일(▨[보통 효과 – 바다색, 강조 5])
- **도형 텍스트** : 글꼴(휴먼모음T), 글꼴 크기(36)

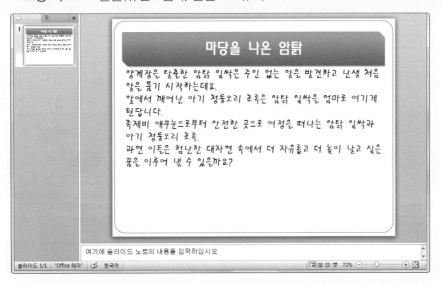

02 다음과 같이 그림을 활용하여 슬라이드를 작성해 보세요.

- **그림** : 위치(C:\스마트스쿨\파워포인트2010\Chapter10), 파일 이름(마당을 나온 암탉), 꾸밈 효과(▨[필름 입자]), 다시 칠하기(▨[자주, 밝은 강조색 4])

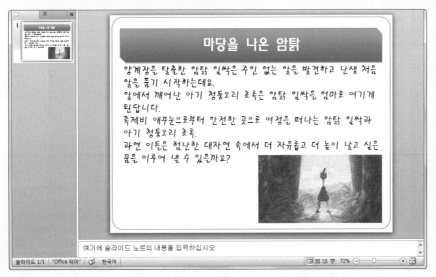

Hint

그림을 선택한 후 [그림 도구] 정황 탭–[서식] 탭–[조정] 그룹에서 [색]을 클릭한 다음 ▨[자주, 밝은 강조색 4]를 클릭하면 그림에 다시 칠하기를 지정할 수 있습니다.

SmartArt 활용하기

◆ SmartArt를 삽입하는 방법에 대해 알아보겠습니다.
◆ SmartArt를 꾸미는 방법에 대해 알아보겠습니다.

요소 간의 관계나 어떤 단계 등을 일정한 양식의 그림으로 나타낸 것을 '다이어그램'이라고 하는데요. 파워포인트에서는 SmartArt를 활용하면 다이어그램을 쉽고 빠르게 작성할 수 있습니다.

닭의 한살이

알 : 단단한 껍데기에 싸여 있습니다.

부화 : 어미 닭이 알을 품은 지 21일이 지나면 병아리는 부리로 껍데기를 깨고 나옵니다.

병아리(1일) : 솜털로 덮여 있습니다.

어린 닭(30일) : 솜털이 깃털로 바뀝니다.

다 자란 닭(6개월) : 수탉은 암탉에 비해 꽁지깃이 길고 화려하며 암탉은 알을 낳습니다

1 '닭의 한살이' 파일을 연 후 [삽입] 탭-[일러스트레이션] 그룹에서 [SmartArt]를 클릭합니다.

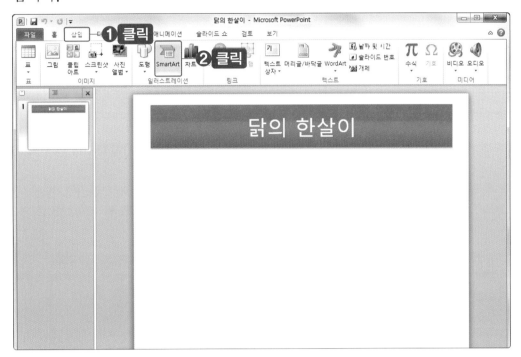

2 [SmartArt 그래픽 선택] 대화상자가 나타나면 [목록형]에서 ▆▆▆[가로 그림 목록형]을 선택한 후 [확인] 단추를 클릭합니다.

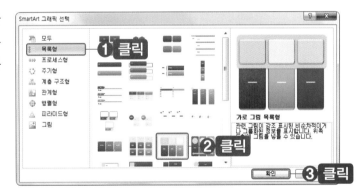

알아두면 실력튼튼

SmartArt의 종류

- ▆▆▆[목록형] : 비순차 정보를 표시하는 경우에 주로 사용합니다.
- »»»[프로세스형] : 순차 정보를 표시하는 경우에 주로 사용합니다.
- ♻[주기형] : 순환 정보를 표시하는 경우에 주로 사용합니다.
- 🏛[계층 구조형] : 계층 정보를 표시하는 경우에 주로 사용합니다.
- ▨[관계형] : 정보 사이의 관계를 표시하는 경우에 주로 사용합니다.
- ⊕[행렬형] : 전체 정보에 대한 각 정보의 관계를 표시하는 경우에 주로 사용합니다.
- △[피라미드형] : 정보 사이의 관계를 상대적으로 표시하는 경우에 주로 사용합니다.
- 🖼[그림] : 그림을 활용하여 정보를 표시하는 경우에 주로 사용합니다.

3 SmartArt가 삽입되면 다음과 같이 SmartArt를 이동시킨 후 Smart Art의 크기를 조정합니다.

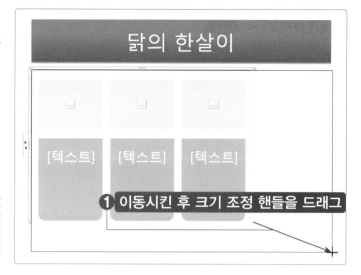

Tip

SmartArt를 선택한 후 SmartArt의 테두리를 드래그하면 SmartArt를 이동할 수 있습니다.

4 도형을 추가하기 위해 세 번째 그림 도형을 선택한 후 [SmartArt 도구] 정황 탭-[디자인] 탭-[그래픽 만들기] 그룹에서 [도형 추가]의 ▾[목록] 단추를 클릭한 다음 [뒤에 도형 추가]를 클릭합니다.

Tip

• 다른 그림 도형이나 텍스트 도형을 선택한 후 [SmartArt 도구] 정황 탭-[디자인] 탭-[그래픽 만들기] 그룹에서 [도형 추가]의 ▾[목록] 단추를 클릭한 다음 [뒤에 도형 추가]나 [앞에 도형 추가]를 클릭하여 도형을 추가할 수도 있습니다.

• 가로 그림 목록형 SmartArt에서는 도형을 추가하면 그림 도형이나 텍스트 도형만 추가되는 것이 아니라 그림 도형과 텍스트 도형이 함께 추가됩니다.

5 같은 방법으로 다음과 같이 도형을 1개 더 추가한 후 그림을 삽입하기 위해 첫 번째 그림 도형의 📷[파일에서 그림 삽입]을 클릭합니다.

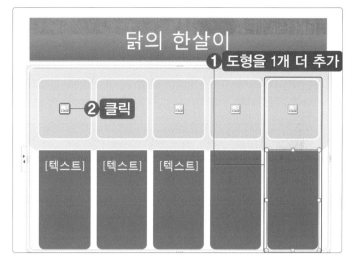

6 [그림 삽입] 대화상자가 나타나면 위치(C:\스마트스쿨\파워포인트2010\Chapter11)를 선택한 후 파일(알)을 선택한 다음 [삽입] 단추를 클릭합니다.

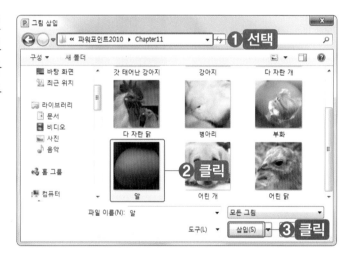

7 같은 방법으로 다음과 같이 부화, 병아리, 어린 닭, 다 자란 닭 그림을 삽입한 후 텍스트를 입력합니다.

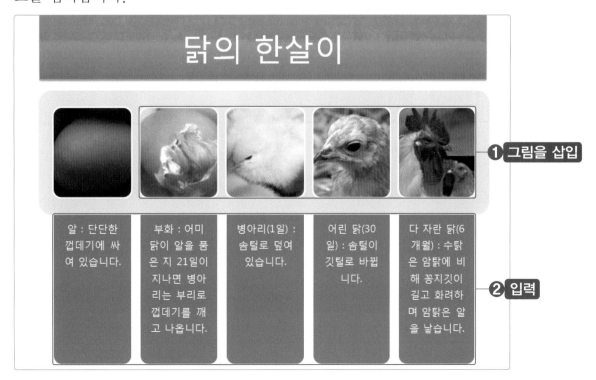

1 SmartArt 스타일을 적용하기 위해 SmartArt를 선택한 후 [SmartArt 도구] 정황 탭-[디자인] 탭-[SmartArt 스타일] 그룹에서 ▼[자세히] 단추를 클릭합니다.

2 SmartArt 스타일 목록이 나타나면 ■■[강한 효과]를 클릭합니다.

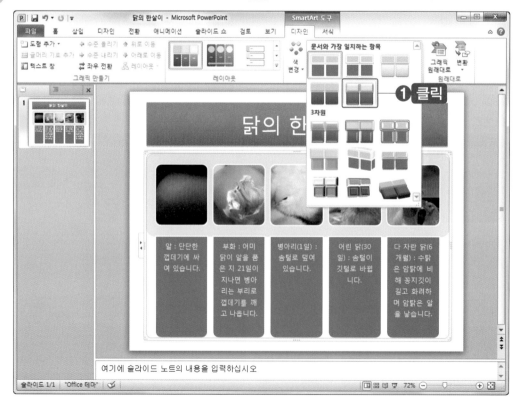

3 SmartArt 스타일의 색을 변경하기 위해 [SmartArt 도구] 정황 탭-[디자인] 탭-[SmartArt 스타일] 그룹에서 [색 변경]을 클릭한 다음 ▦[색상형 – 강조색]을 클릭합니다.

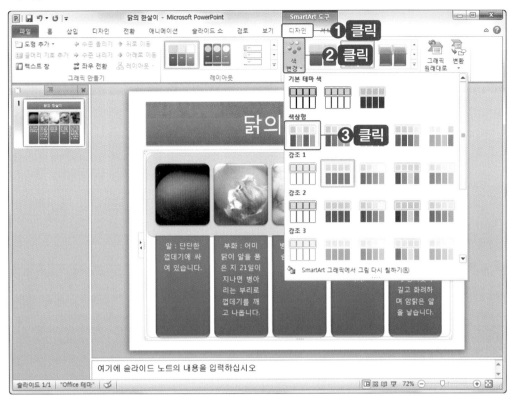

4 텍스트에 글꼴 서식과 맞춤 서식을 지정하기 위해 '알'을 드래그하여 선택한 후 [홈] 탭-[글꼴] 그룹에서 글꼴 색(검정, 텍스트 1)을 선택한 다음 **가**[굵게]를 클릭하고 [단락] 그룹에서 ▤[텍스트 왼쪽 맞춤]을 클릭합니다.

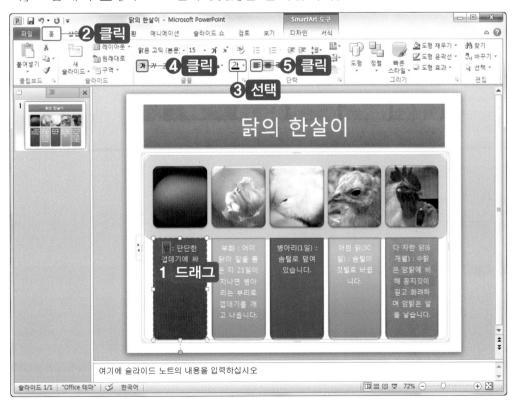

5 같은 방법으로 다음과 같이 나머지 텍스트에 글꼴 서식과 맞춤 서식을 지정합니다.

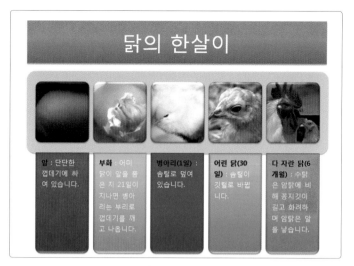

그래픽 원래대로

다음과 같이 SmartArt를 선택한 후 [SmartArt 도구] 정황 탭-[디자인] 탭-[원래대로] 그룹에서 [그래픽 원래대로]를 클릭하면 SmartArt에 지정한 서식을 제거할 수 있습니다.

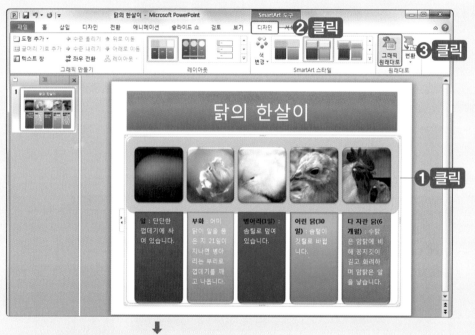

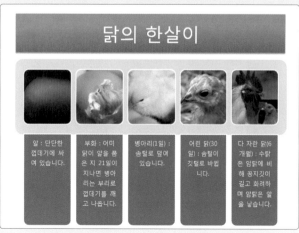

01 다음과 같이 '개의 한살이' 파일을 연 후 SmartArt를 삽입해 보세요.

- SmartArt : [그림 강조 벤딩 목록형]
- **그림 삽입** : 위치(C:\스마트스쿨\파워포인트2010\Chapter11), 파일 이름(갓 태어난 강아지/강아지/어린 개/다 자란 개)

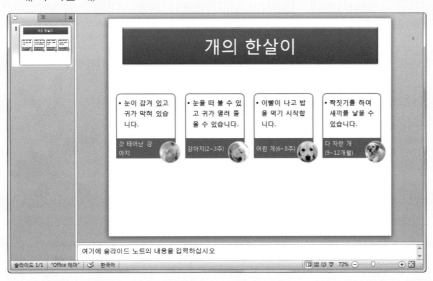

02 다음과 같이 SmartArt를 꾸며 보세요.

- SmartArt 스타일 적용 : [보통 효과]
- SmartArt 스타일의 색 변경 : [색상형 범위 – 강조색 2 또는 3]

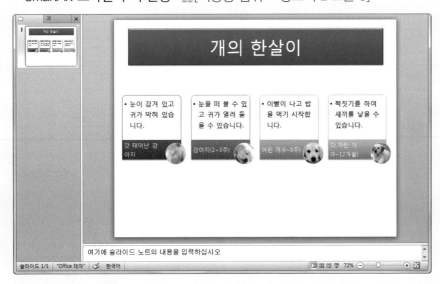

Hint

SmartArt를 선택한 후 [SmartArt 도구] 정황 탭–[디자인] 탭–[SmartArt 스타일] 그룹에서 [색 변경]을 클릭한 다음 [색상형 범위 – 강조색 2 또는 3]을 클릭하면 SmartArt 스타일의 색을 변경할 수 있습니다.

배경 서식 지정하고 인쇄하기

◆ 배경 서식을 지정하는 방법에 대해 알아보겠습니다.
◆ 인쇄하는 방법에 대해 알아보겠습니다.

프레젠테이션은 자신의 의견을 청중에게 효과적으로 전달하기 위해 화면 구성에 중점을 두므로 슬라이드의 크기가 화면 슬라이드 쇼에 맞춰져 있는데요. 그러므로 슬라이드를 인쇄하려면 슬라이드의 크기를 지정한 후 인쇄를 해야 합니다.

1 '조상들의 여가 생활' 파일을 연 후 [디자인] 탭-[배경] 그룹에서 ⬛[추가 옵션] 단추를 클릭합니다.

> **Tip**
> • 배경 서식은 슬라이드를 단색, 그라데이션, 그림 또는 질감 등으로 채우거나 그림을 수정하여 꾸미는 기능입니다.
> • 슬라이드의 바로 가기 메뉴에서 [배경 서식]을 클릭하여 배경 서식을 지정할 수도 있습니다.

2 [배경 서식] 대화상자가 나타나면 [채우기]에서 [그림 또는 질감 채우기]를 선택한 후 질감([파랑 박엽지])을 선택한 다음 [모두 적용] 단추를 클릭하고 [닫기] 단추를 클릭합니다.

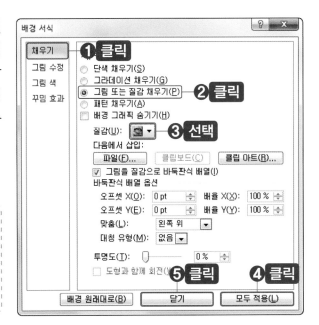

> **Tip**
> [닫기] 단추를 클릭하면 현재 슬라이드에만 배경 서식이 지정되고, [모두 적용] 단추를 클릭한 후 [닫기] 단추를 클릭하면 모든 슬라이드에 배경 서식이 지정됩니다.

3 배경 서식이 지정됩니다.

1 슬라이드의 크기와 슬라이드의 방향을 지정하기 위해 [디자인] 탭-[페이지 설정] 그룹에서 [페이지 설정]을 클릭합니다.

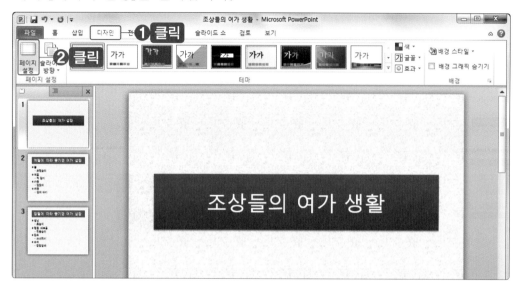

2 [페이지 설정] 대화상자가 나타나면 슬라이드 크기(A4 용지(210× 297mm))를 선택한 후 슬라이드 방향(가로)을 선택한 다음 [확인] 단추를 클릭합니다.

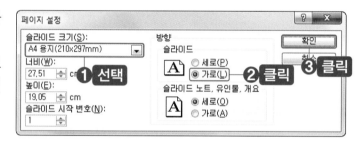

3 머리글/바닥글을 지정하기 위해 [삽입] 탭-[텍스트] 그룹에서 [머리글/바닥글]을 클릭합니다.

Tip
머리글은 페이지 상단, 바닥글은 페이지 하단에 들어가는 날짜나 슬라이드 번호 등의 문구를 말합니다.

4 [머리글/바닥글] 대화상자가 나타
나면 [슬라이드] 탭에서 [슬라이드
번호]와 [제목 슬라이드에는 표시
안 함]을 선택한 후 [모두 적용]
단추를 클릭합니다.

5 인쇄하기 위해 [파일] 탭-[인쇄]를 클릭한 후 인쇄 범위(모든 슬라이드 인쇄), 인쇄 대
상(3슬라이드), 용지 방향(세로 방향), 인쇄 색상(컬러)을 선택한 다음 [인쇄] 단추를
클릭합니다.

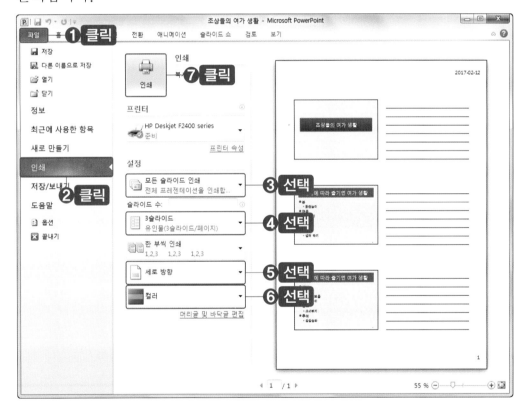

TIP

• Ctrl + P 를 눌러 인쇄할 수도 있습니다.
• 용지 방향은 인쇄 대상에서 슬라이드 노트, 개요, 유인물(1슬라이드, 2슬라이드, 3슬라이드 등)을 선
  택한 경우에만 나타납니다.
• 유인물은 프레젠테이션을 진행하는 동안 청중이 보거나 나중에 참조할 수 있도록 배포하는 인쇄물
  을 말합니다.

6 슬라이드가 인쇄됩니다.

인쇄하기

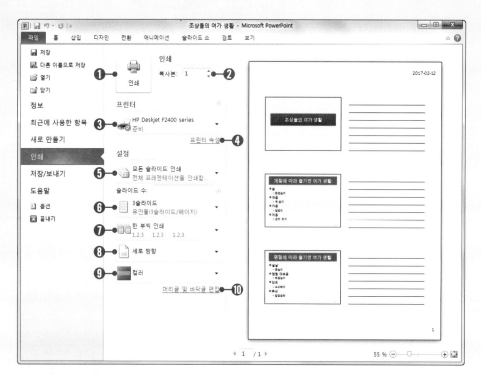

❶ **인쇄** : 슬라이드를 인쇄합니다.

❷ **복사본** : 인쇄 매수를 지정합니다.

❸ **프린터** : 프린터를 선택합니다.

❹ **프린터 속성** : 프린터 속성을 지정할 수 있는 [프린터 속성] 대화상자가 나타납니다. [프린터 속성] 대화상 자는 선택한 프린터에 따라 다르게 나타납니다.

❺ **인쇄 범위** : 인쇄 범위로 모든 슬라이드 인쇄, 선택 영역 인쇄, 현재 슬라이드 인쇄, 범위 지정 중에서 하나 를 선택합니다. '모든 슬라이드 인쇄'를 선택하면 모든 슬라이드를 인쇄하고, '선택 영역 인쇄'를 선택하면 선택한 슬라이드만 인쇄합니다. 그리고 '현재 슬라이드 인쇄'를 선택하면 현재 슬라이드만 인쇄하고, '범위 지정'을 선택하면 [슬라이드 수]에 입력한 슬라이드만 인쇄합니다.

❻ **인쇄 대상** : 인쇄 대상으로 전체 페이지 슬라이드, 슬라이드 노트, 개요, 유인물 중에서 하나를 선택합니다.

❼ **인쇄 순서** : 여러 페이지로 이루어진 프레젠테이션을 여러 부 인쇄하는 경우, 한 부씩 인쇄할지 여부를 선 택합니다. 예를 들어 2페이지로 이루어진 프레젠테이션을 2부 인쇄하는 경우, '한 부씩 인쇄'를 선택하면 1, 2, 1, 2페이지 순으로 인쇄하고, '한 부씩 인쇄 안 함'을 선택하면 1, 1, 2, 2페이지 순으로 인쇄합니다.

❽ **용지 방향** : 용지 방향으로 세로 방향과 가로 방향 중에서 하나를 선택합니다.

❾ **인쇄 색상** : 인쇄 색상으로 컬러, 회색조, 흑백 중에서 하나를 선택합니다.

❿ **머리글 및 바닥글 편집** : 머리글/바닥글을 수정할 수 있는 [머리글/바닥글] 대화상자가 나타납니다.

01 다음과 같이 '옛날 어린이들이 즐기던 놀이' 파일을 연 후 배경 서식을 지정해 보세요.

- 배경 서식 지정 : 그림 또는 질감 채우기(질감(█[파피루스]))

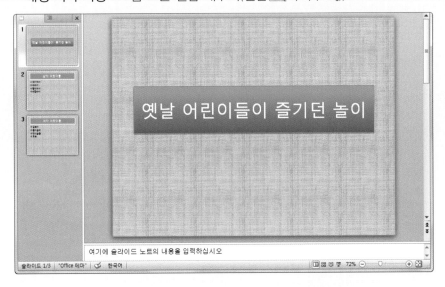

--- **Hint**

[배경 서식] 대화상자의 [채우기]에서 [그림 또는 질감 채우기]를 선택한 후 질감(█[파피루스])을 선택한 다음 [모두 적용] 단추를 클릭하고 [닫기] 단추를 클릭하면 배경 서식을 지정할 수 있습니다.

02 다음과 같이 슬라이드의 크기, 슬라이드의 방향, 머리글/바닥글을 지정한 후 인쇄해 보세요.

- **슬라이드의 크기 지정** : A4 용지(210×297mm) • **슬라이드의 방향 지정** : 가로
- **머리글/바닥글 지정** : [슬라이드 번호] 선택, [제목 슬라이드에는 표시 안 함] 선택 해제, 모든 슬라이드에 지정
- **인쇄** : 인쇄 범위(모든 슬라이드 인쇄), 인쇄 대상(3슬라이드), 용지 방향(세로 방향), 인쇄 색상(회색조)

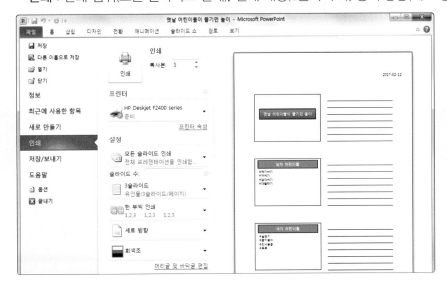

표 작성하기

Chapter

13

◆ 표를 삽입하는 방법에 대해 알아보겠습니다.
◆ 표를 꾸미는 방법에 대해 알아보겠습니다.

내용이 많은 경우, 표를 작성하면 내용을 일목요연하게 보여 줄 수 있는데요. 표는 행과 열로 구성되어 있으며 셀에 내용을 입력하여 작성합니다.

식물의 분류

민꽃식물		종자식물		
선태식물	양치식물	겉씨식물	속씨식물	
			쌍떡잎식물	외떡잎식물
솔이끼 우산이끼 불이끼 등	고사리 쇠뜨기 석송 등	은행나무 소나무 전나무 등	장미 선인장 양배추 등	벼 대나무 옥수수

THEME 01 표 삽입하기

1 '식물의 분류' 파일을 연 후 슬라이드에서 ▦[표 삽입]을 클릭합니다.

> **Tip**
> [삽입] 탭–[표] 그룹에서 [표]를 클릭한 후 [표 삽입]을 클릭하여 표를 삽입할 수도 있습니다.

2 [표 삽입] 대화상자가 나타나면 열 개수(5)와 행 개수(4)를 입력한 후 [확인] 단추를 클릭합니다.

3 표가 삽입되면 다음과 같이 표의 크기를 조정합니다.

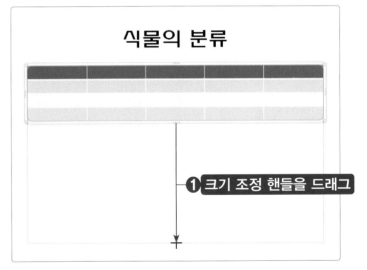

알아두면 실력튼튼

셀

표에서 행과 열이 교차하면서 생긴 영역을 '셀'이라고 하는데요. 셀은 행과 열을 조합하여 '1행 2열'과 같이 표시합니다.

	1열	2열	3열
1행	1행 1열	1행 2열	1행 3열
2행	2행 1열	2행 2열	2행 3열

4 셀을 병합하기 위해 1행 1열과 1행 2열을 드래그하여 선택한 후 [표 도구] 정황 탭-[레이아웃] 탭-[병합] 그룹에서 [셀 병합]을 클릭합니다.

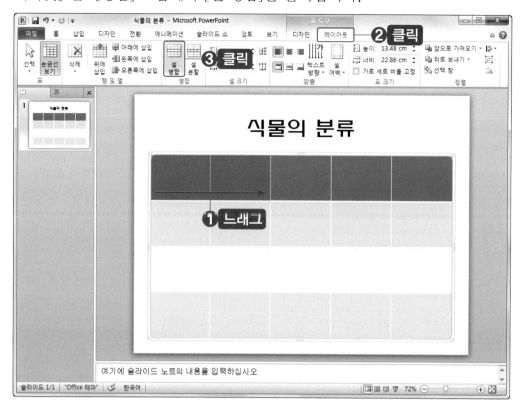

> **Tip**
> 선택한 셀들을 합쳐서 하나의 셀로 만드는 것을 '셀 병합'이라고 하고, 하나의 셀을 나누어서 여러 개의 셀로 만드는 것을 '셀 분할'이라고 합니다.

알아두면 실력튼튼

표 그리기

[표 도구] 정황 탭-[디자인] 탭-[테두리 그리기] 그룹에서 [표 그리기]를 클릭(마우스 포인터가 ✏ 모양으로 변경됩니다)한 후 다음과 같이 표에서 드래그하면 셀 선을 그려 셀을 분할할 수 있습니다.

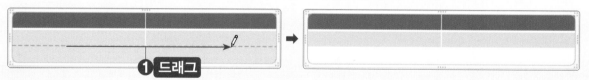

지우개

[표 도구] 정황 탭-[디자인] 탭-[테두리 그리기] 그룹에서 [지우개]를 클릭(마우스 포인터가 ✐ 모양으로 변경됩니다)한 후 다음과 같이 표에서 드래그하면 셀 선을 지워 셀을 병합할 수 있습니다.

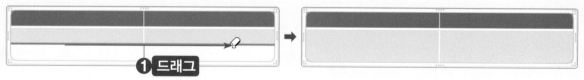

5 같은 방법으로 다음과 같이 1행 3열~1행 5열, 2행 4열과 2행 5열, 3행 1열과 4행 1열, 3행 2열과 4행 2열, 3행 3열과 4행 3열을 병합합니다.

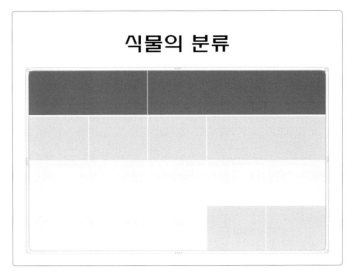

6 셀이 병합되면 다음과 같이 표 내용을 입력합니다.

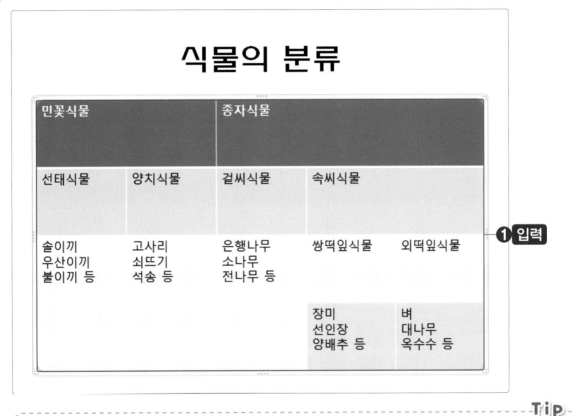

Tip

셀로 마우스 포인터를 가져가서 마우스 포인터가 I 모양으로 변경되었을 때 클릭하면 표 내용을 입력하거나 수정할 수 있습니다.

1 표 스타일을 적용하기 위해 표를 선택한 후 [표 도구] 정황 탭-[디자인] 탭-[표 스타일] 그룹에서 ▼[자세히] 단추를 클릭합니다.

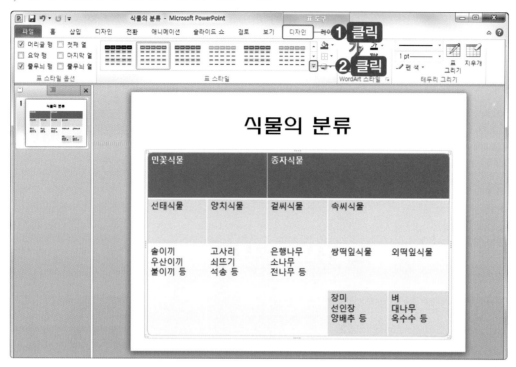

- Tip - - -

셀을 클릭한 후 표의 테두리를 클릭하면 표를 선택할 수 있습니다.

2 표 스타일 목록이 나타나면 ▦[보통 스타일 2 - 강조 5]를 클릭합니다.

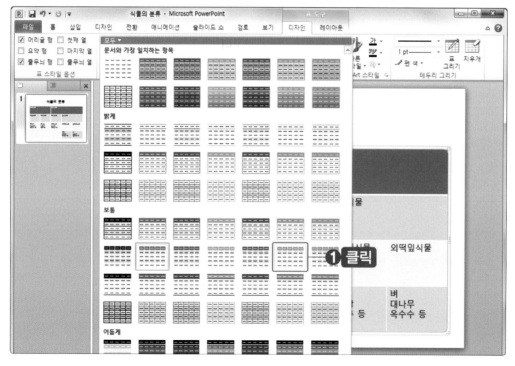

3 표 내용에 글꼴 서식을 지정하기 위해 모든 셀을 드래그하여 선택한 후 [홈] 탭-[글꼴] 그룹에서 글꼴(HY수평선M)을 선택한 다음 글꼴 크기(22)를 입력합니다.

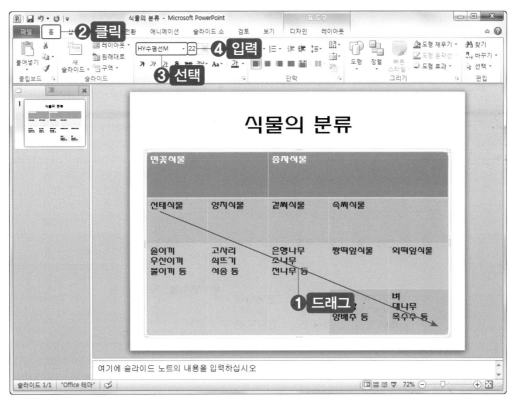

4 표 내용에 맞춤 서식을 지정하기 위해 [표 도구] 정황 탭-[레이아웃] 탭-[맞춤] 그룹에서 틀[가운데 맞춤]을 클릭한 다음 틀[세로 가운데 맞춤]을 클릭합니다.

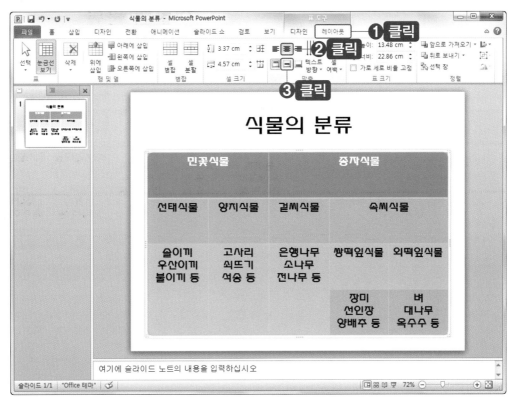

5 셀에 채우기 색을 지정하기 위해 2행 4열을 선택한 후 [표 도구] 정황 탭–[디자인] 탭–[표 스타일] 그룹에서 🖌[음영]의 ▾[목록] 단추를 클릭한 다음 [황록색, 강조 3]을 클릭합니다.

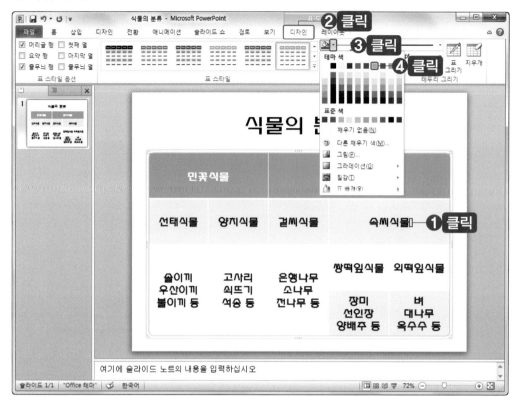

6 같은 방법으로 다음과 같이 셀에 채우기 색을 지정합니다.

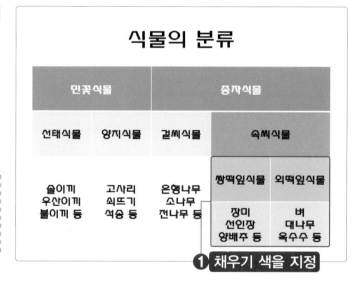

------- Tip -------
- 3행 4열/3행 5열 : 채우기 색(황록색, 강조 3, 40% 더 밝게)
- 4행 4열/4행 5열 : 채우기 색(황록색, 강조 3, 60% 더 밝게)

01 다음과 같이 '동물의 분류' 파일을 연 후 표를 삽입해 보세요.

- 표 삽입 : 3행 6열
- 셀 병합 : 1행 1열과 2행 1열/3행 2열~3행 6열

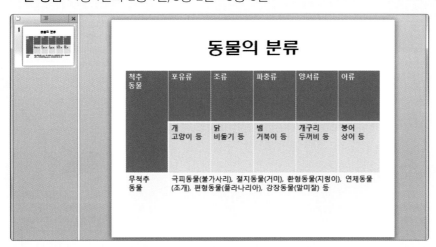

02 다음과 같이 표를 꾸며 보세요.

- 표 스타일 적용 : ▦[보통 스타일 2 – 강조 3]
- 1행 1열~2행 6열/3행 1열 : 글꼴(HY나무M), 글꼴 크기(28), ≡[가운데 맞춤], ▤[세로 가운데 맞춤]
- 3행 2열 : 글꼴(HY나무M), 글꼴 크기(28), ≡[텍스트 왼쪽 맞춤], ▤[세로 가운데 맞춤]
- 1행 1열 : 채우기 색(황록색, 강조 3, 25% 더 어둡게)
- 3행 1열 : 채우기 색(주황, 강조 6)

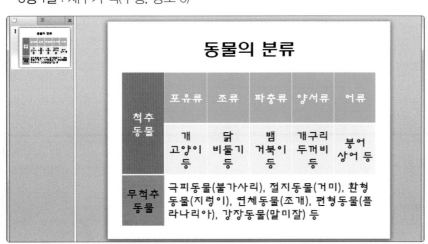

Hint

3행 2열을 선택한 후 [표 도구] 정황 탭–[레이아웃] 탭–[맞춤] 그룹에서 ≡[텍스트 왼쪽 맞춤]을 클릭한 다음 ▤[세로 가운데 맞춤]을 클릭하면 3행 2열에 맞춤 서식을 지정할 수 있습니다.

차트 작성하기

◆차트를 삽입하는 방법에 대해 알아보겠습니다.
◆차트를 꾸미는 방법에 대해 알아보겠습니다.

차트는 수치 데이터를 분석하여 그 관계를 일정한 양식의 그림으로 나타낸 것인데요. 파워포인트에서는 차트 데이터(차트로 작성될 데이터)를 엑셀에서 입력해야 하므로 엑셀의 화면 구성도 알고 있어야 합니다.

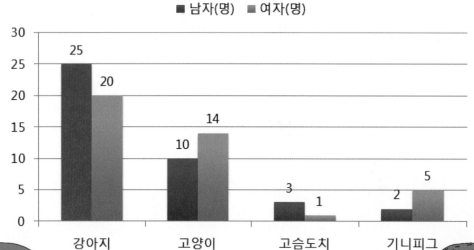

1 '애완동물의 선호도' 파일을 연 후 슬라이드에서 📊[차트 삽입]을 클릭합니다.

Tip

[삽입] 탭–[일러스트레이션] 그룹에서 [차트]를 클릭하여 차트를 삽입할 수도 있습니다.

2 [차트 삽입] 대화상자가 나타나면 [세로 막대형]에서 📊[묶은 세로 막대형]을 선택한 후 [확인] 단추를 클릭합니다.

3 엑셀이 실행되면 차트 데이터 범위의 크기를 조정하기 위해 다음과 같이 차트 데이터 범위의 오른쪽 아래 모서리(⌐)를 드래그합니다.

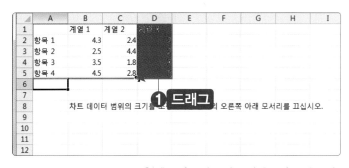

알아두면 실력튼튼

엑셀의 화면 구성

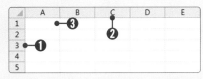

❶ **행 머리글** : 행을 나타내는 숫자가 표시되는 곳입니다.

❷ **열 머리글** : 열을 나타내는 문자가 표시되는 곳입니다.

❸ **셀** : 행과 열이 교차하면서 생긴 영역입니다.

4 차트 데이터 범위의 크기가 조정되면 다음과 같이 차트 데이터를 입력한 후 엑셀을 종료하기 위해 ▬x▬[닫기] 단추를 클릭합니다.

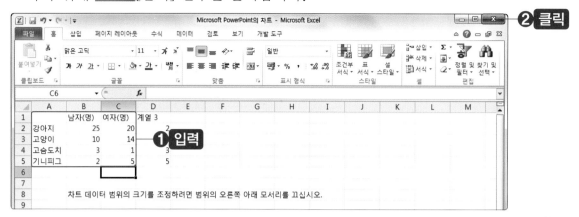

Tip

셀을 선택한 후 차트 데이터를 입력한 다음 Enter 를 누르면 차트 데이터를 입력할 수 있고, 셀을 더블 클릭하거나 셀을 선택한 후 F2 를 누르면 차트 데이터를 수정할 수 있습니다.

5 차트가 삽입됩니다.

알아두면 실력튼튼

차트의 구성

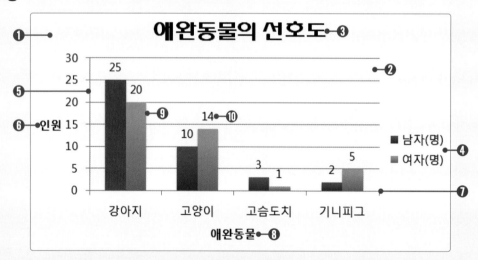

❶ **차트 영역** : 모든 차트 요소(차트 영역, 그림 영역, 차트 제목, 범례 등)를 포함한 차트 전체입니다.

❷ **그림 영역** : 2차원 차트에서는 데이터 계열을 포함한 축으로 둘러싸인 영역이고, 3차원 차트에서는 세로 축, 세로 축 제목, 가로 축, 가로 축 제목을 포함합니다.

❸ **차트 제목** : 차트의 제목입니다.

❹ **범례** : 데이터 계열을 구분하는 색과 이름을 표시하는 상자입니다.

❺ **세로 축** : 데이터 계열의 값을 표시하는 축입니다.

❻ **세로 축 제목** : 세로 축의 제목입니다.

❼ **가로 축** : 데이터 계열의 이름을 표시하는 축입니다.

❽ **가로 축 제목** : 가로 축의 제목입니다.

❾ **데이터 계열** : 관련 있는 데이터 요소의 집합입니다. 데이터 계열은 '계열', 데이터 요소는 '요소'라고도 합니다.

❿ **데이터 레이블** : 데이터 요소의 계열 이름, 항목 이름, 값을 표시합니다.

1 차트 스타일을 적용하기 위해 차트를 선택한 후 [차트 도구] 정황 탭-[디자인] 탭-[차트 스타일] 그룹에서 ⊽[자세히] 단추를 클릭합니다.

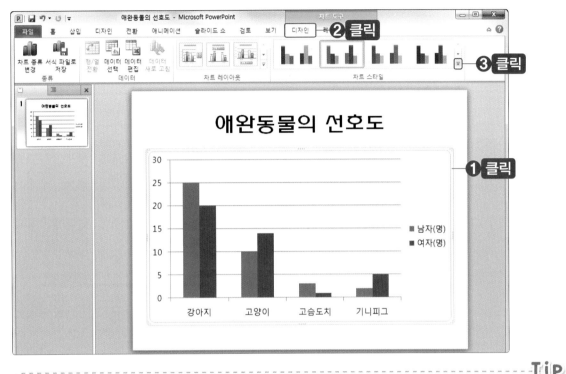

> **Tip**
> 차트 영역으로 마우스 포인터를 가져가서 마우스 포인터가 ✣ 모양으로 변경되었을 때 클릭하면 차트를 선택할 수 있습니다.

2 차트 스타일 목록이 나타나면 ▐▄[스타일 19]를 클릭합니다.

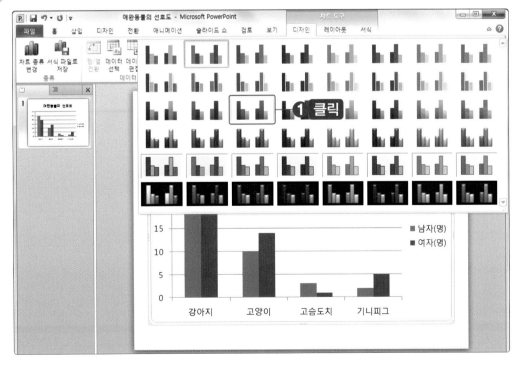

3 차트 영역 서식을 지정하기 위해 차트 영역을 선택한 후 [차트 도구] 정황 탭–[서식] 탭–[현재 선택 영역] 그룹에서 [선택 영역 서식]을 클릭합니다.

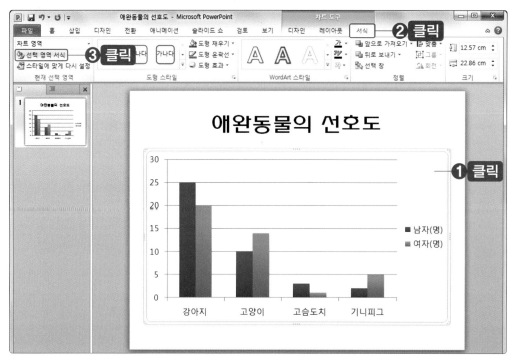

알아두면 실력튼튼

차트 요소 선택하기

• **방법1** : 차트를 선택한 후 [차트 도구] 정황 탭–[서식] 탭–[현재 선택 영역] 그룹에서 [차트 요소]의 ▾[목록] 단추를 클릭한 다음 해당 차트 요소(차트 영역, 그림 영역, 차트 제목, 범례 등)를 클릭합니다. 이 방법을 사용하면 한 번에 선택하기 힘든 차트 요소를 쉽게 선택할 수 있습니다.

• **방법2** : 차트 요소로 마우스 포인터를 가져가서 마우스 포인터가 ✥ 모양이나 ▷ 모양으로 변경되었을 때 클릭합니다.

4 [차트 영역 서식] 대화상자가 나타나면 [채우기]에서 [단색 채우기]를 선택한 후 색(황록색, 강조 3, 80% 더 밝게)을 선택한 다음 [닫기] 단추를 클릭합니다.

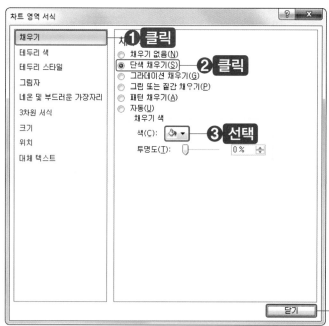

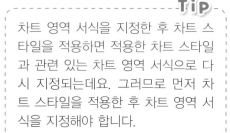

차트 영역 서식을 지정한 후 차트 스타일을 적용하면 적용한 차트 스타일과 관련 있는 차트 영역 서식으로 다시 지정되는데요. 그러므로 먼저 차트 스타일을 적용한 후 차트 영역 서식을 지정해야 합니다.

5 범례의 위치를 변경하기 위해 차트를 선택한 후 [차트 도구] 정황 탭-[레이아웃] 탭-[레이블] 그룹에서 [범례]를 클릭한 다음 [위쪽에 범례 표시]를 클릭합니다.

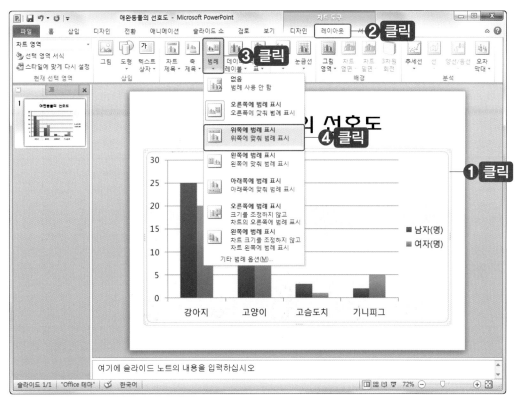

6 데이터 레이블을 표시하기 위해 [차트 도구] 정황 탭-[레이아웃] 탭-[레이블] 그룹에서 [데이터 레이블]을 클릭한 후 [바깥쪽 끝에]를 클릭합니다.

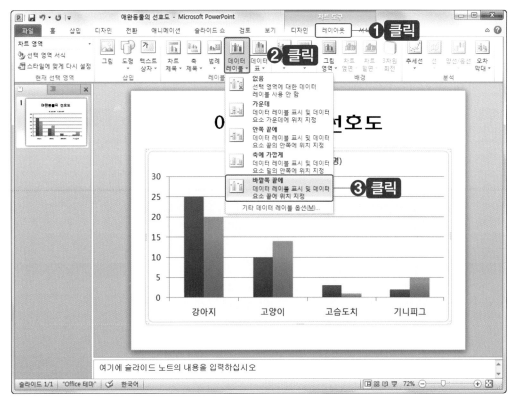

7 '남자(명)' 계열의 '강아지' 요소에만 채우기 색을 지정하기 위해 '남자(명)' 계열의 '강아지' 요소만 선택한 후 [차트 도구] 정황 탭-[서식] 탭-[현재 선택 영역] 그룹에서 [선택 영역 서식]을 클릭합니다.

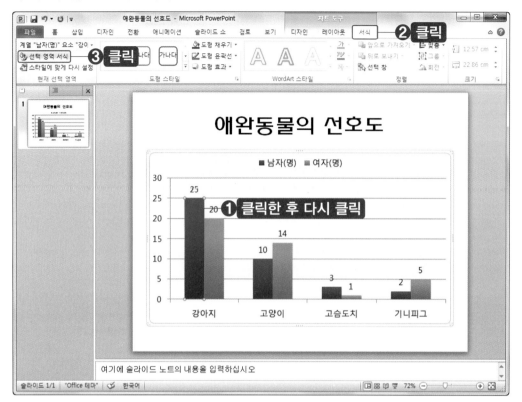

> **Tip**
> '남자(명)' 계열의 '강아지' 요소를 클릭한 후 다시 클릭하면 '남자(명)' 계열의 '강아지' 요소만 선택할 수 있습니다.

8 [데이터 요소 서식] 대화상자가 나타나면 [채우기]에서 [단색 채우기]를 선택한 후 색(빨강, 강조 2)을 선택한 다음 [닫기] 단추를 클릭합니다.

9 '남자(명)' 계열의 '강아지' 요소에만 채우기 색이 지정됩니다.

01 다음과 같이 '페럿의 선호도 변화' 파일을 연 후 차트를 삽입해 보세요.

· 차트 삽입 : [표식이 있는 꺾은선형]

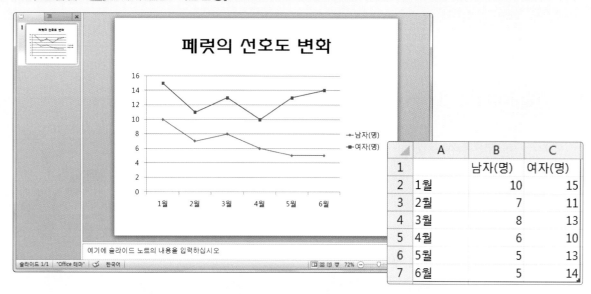

02 다음과 같이 차트를 꾸며 보세요.

· 차트 스타일 적용 : [스타일 26]
· 차트 영역 서식 지정 : 단색 채우기(색(바다색, 강조 5, 80% 더 밝게))
· 범례의 위치 변경 : 아래쪽에 범례 표시
· 데이터 레이블 표시 : 아래쪽

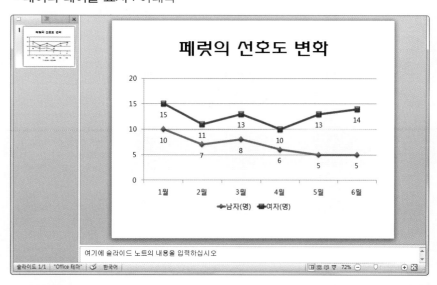

Hint

차트를 선택한 후 [차트 도구] 정황 탭-[레이아웃] 탭-[레이블] 그룹에서 [데이터 레이블]을 클릭한 다음 [아래쪽]을 클릭하면 데이터 레이블을 표시할 수 있습니다.

동영상 활용하기

Chapter

15

◆동영상을 삽입하는 방법에 대해 알아보겠습니다.
◆동영상을 꾸미는 방법에 대해 알아보겠습니다.

프레젠테이션을 할 때 그림을 보여주는 것보다 동영상을 보여주면 생동감이 있어서 자신의 의견을 청중에게 더 효과적으로 전달할 수 있습니다.

영화산책

1 '영화산책' 파일을 연 후 슬라이드에서 🎞[미디어 클립 삽입]을 클릭합니다.

> **Tip**
> [삽입] 탭–[미디어] 그룹에서 [비디오]를 클릭하여 동영상을 삽입할 수도 있습니다.

2 [비디오 삽입] 대화상자가 나타나면 위치(C:\스마트스쿨\파워포인트2010\Chapter15)를 선택한 후 파일(영화산책)을 선택한 다음 [삽입] 단추를 클릭합니다.

3 동영상이 삽입되면 동영상을 재생하기 위해 ▶[재생/일시 중지] 단추를 클릭합니다.

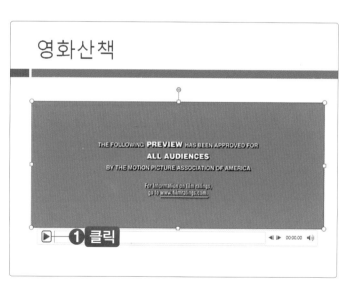

> **Tip**
> [비디오 도구] 정황 탭–[서식] 탭–[미리 보기] 그룹에서 [재생]을 클릭하여 동영상을 재생할 수도 있습니다.

4 동영상이 재생됩니다.

1 동영상에 비디오 스타일을 적용하기 위해 동영상을 선택한 후 [비디오 도구] 정황 탭-[서식] 탭-[비디오 스타일] 그룹에서 ☰[자세히] 단추를 클릭합니다.

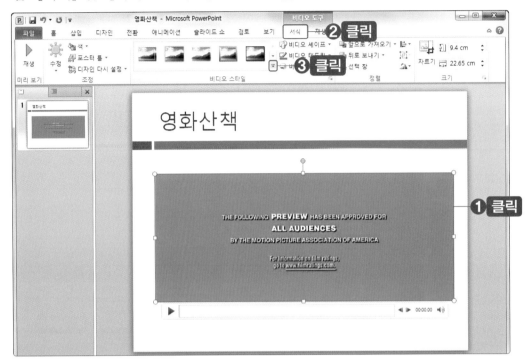

TiP

동영상으로 마우스 포인터를 가져가서 마우스 포인터가 ⊹ 모양으로 변경되었을 때 클릭하면 동영상을 선택할 수 있습니다.

2 비디오 스타일 목록이 나타나면 ☰[일반 프레임, 그라데이션]을 클릭합니다.

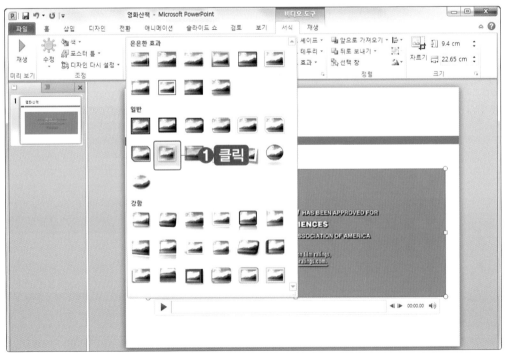

3 동영상에 비디오 테두리를 지정하기 위해 [비디오 도구] 정황 탭-[서식] 탭-[비디오 스타일] 그룹에서 [비디오 테두리]를 클릭한 후 [바다색, 강조 5]를 클릭합니다.

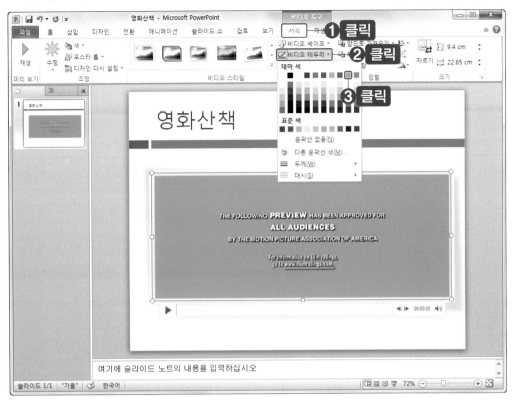

4 동영상의 미리 보기 이미지를 지정하기 위해 [비디오 도구] 정황 탭-[서식] 탭-[조정] 그룹에서 [포스터 틀]을 클릭한 후 [파일의 이미지]를 클릭합니다.

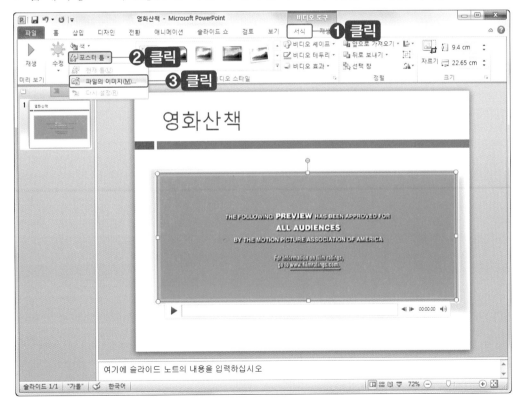

5 [그림 삽입] 대화상자가 나타나면 위치(C:\스마트스쿨\파워포인트 2010\Chapter15)를 선택한 후 파일(영화산책)을 선택한 다음 [삽입] 단추를 클릭합니다.

6 다음과 같이 동영상의 미리 보기 이미지가 지정됩니다.

TiP

동영상을 선택한 후 [비디오 도구] 정황 탭–[서식] 탭–[조정] 그룹에서 [포스터 틀]을 클릭한 다음 [다시 설정]을 클릭하면 동영상의 미리 보기 이미지를 제거할 수 있습니다.

01 다음과 같이 '영화가 좋다' 파일을 연 후 동영상을 삽입한 다음 재생해 보세요.

- 동영상 삽입 : 위치(C:\스마트스쿨\파워포인트2010\Chapter15), 파일 이름(영화가 좋다)

02 다음과 같이 동영상을 꾸며 보세요.

- 동영상에 비디오 스타일 적용 : [사각형 그림자]
- 동영상의 미리 보기 이미지 지정 : 위치(C:\스마트스쿨\파워포인트2010\Chapter15), 파일 이름(영화가 좋다)

Hint

동영상을 선택한 후 [비디오 도구] 정황 탭-[서식] 탭-[조정] 그룹에서 [포스터 틀]을 클릭한 다음 [파일의 이미지]를 클릭하면 [그림 삽입] 대화상자가 나타나는데요. [그림 삽입] 대화상자에서 위치(C:\스마트스쿨\파워포인트2010\Chapter15)를 선택한 후 파일(영화가 좋다)을 선택한 다음 [삽입] 단추를 클릭하면 동영상의 미리 보기 이미지를 지정할 수 있습니다.

01 다음 중 개체에 대한 설명으로 옳지 않은 것은 어느 것인지 골라 보세요.

① 텍스트 상자, 표, 차트, 클립 아트 등을 말합니다.

② 개체를 선택한 후 Shift를 누른 상태에서 다른 개체를 선택하면 여러 개체를 선택할 수 있습니다.

③ 슬라이드의 빈 부분을 클릭하면 개체 선택을 해제할 수 있습니다.

④ 개체를 서로 겹치면 먼저 삽입한 개체가 나중에 삽입한 개체 위에 겹쳐집니다.

02 다음 중 어떤 키를 누른 상태에서 직사각형이나 타원을 그리면 정사각형이나 정원이 그려지는지 골라 보세요.

① Ctrl
② Shift
③ Alt
④ Tab

03 다음 □ 안에 들어갈 말은 무엇인지 적어 보세요.

> 선택한 개체를 합쳐서 하나의 개체로 만드는 것을 □□(이)라고 합니다.

04 다음과 같이 표를 작성하려고 합니다. 맞게 열 개수와 행 개수를 입력한 [표 삽입] 대화상자는 어느 것인지 골라 보세요.

05 다음 중 순환 정보를 표시하는 경우에 주로 사용하는 SmartArt는 어느 것인지 골라 보세요.

① ▦
② ◇◇◇
③ ♺
④ 品

06 다음 중 차트의 구성 요소에 대한 설명으로 옳지 않은 것은 어느 것인지 골라 보세요.

① 차트 제목 : 차트의 제목입니다.

② 범례 : 데이터 계열을 구분하는 색과 이름을 표시하는 상자입니다.

③ 데이터 계열 : 관련 있는 데이터 요소의 집합입니다.

④ 데이터 레이블 : 모든 차트 요소를 포함한 차트 전체입니다.

07 다음 중 동영상을 삽입할 수 있는 기능은 어느 것인지 골라 보세요.

① ⧐
② 🖼
③ 🎞
④ 🎬

08 프레젠테이션을 진행하는 동안 청중이 보거나 나중에 참조할 수 있도록 배포하는 인쇄물을 무엇이라고 하는지 적어 보세요.

(   )

■ 정답은 160 페이지에 있습니다.

09 다음과 같이 '한국철도의 최고' 파일을 연 후 그림을 활용하여 슬라이드를 작성해 보세요.

- 그림 : 위치(C:\스마트스쿨\파워포인트2010\Chapter16), 파일 이름(백마고지역), 꾸밈 효과([연필 스케치]), 다시 칠하기([파랑, 밝은 강조색 1])

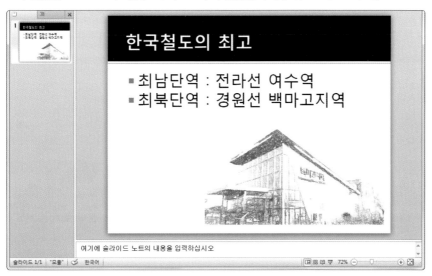

10 다음과 같이 '자전거 안전사고 실태' 파일을 연 후 표를 활용하여 슬라이드를 작성해 보세요.

- 표 삽입 : 2행 6열
- 표 스타일 적용 : [보통 스타일 2 - 강조 5]
- 1행 1열~2행 6열 : 글꼴(HY수평선M), 글꼴 크기(20), [가운데 맞춤], [세로 가운데 맞춤]
- 1행 6열 : 채우기 색(빨강, 강조 2)
- 2행 6열 : 채우기 색(빨강, 강조 2, 40% 더 밝게)

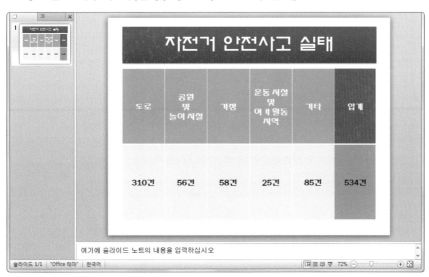

앨범 만들기

◆앨범을 만드는 방법에 대해 알아보겠습니다.
◆앨범을 수정하는 방법에 대해 알아보겠습니다.

사진 앨범은 앨범과 같은 프레젠테이션을 만들 수 있는 기능인데요. 사진 앨범을 활용하면 일일이 디자인하지 않아도 멋진 앨범을 만들 수 있습니다.

1 파워포인트를 실행한 후 [삽입] 탭-[이미지] 그룹에서 [사진 앨범]을 클릭합니다.

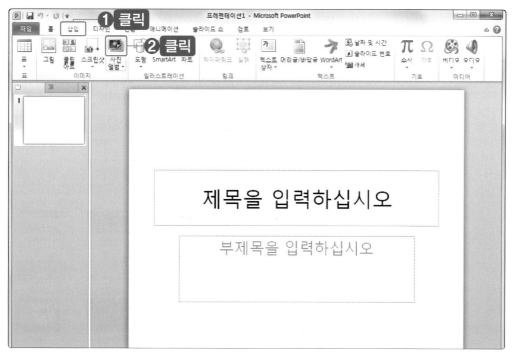

2 [사진 앨범] 대화상자가 나타나면 그림을 삽입하기 위해 [파일/디스크] 단추를 클릭합니다.

3 [새 그림 삽입] 대화상자가 나타나면 위치(C:\스마트스쿨\파워포인트2010\Chapter17)를 선택한 후 파일(만종/씨 뿌리는 사람/이삭 줍는 여인들/키질하는 사람)을 선택한 다음 [삽입] 단추를 클릭합니다.

4 [사진 앨범] 대화상자가 다시 나타나면 그림 레이아웃(제목을 가진 그림 4개)과 프레임 모양(단순형 프레임, 흰색)을 선택한 후 테마를 선택하기 위해 [찾아보기] 단추를 클릭합니다.

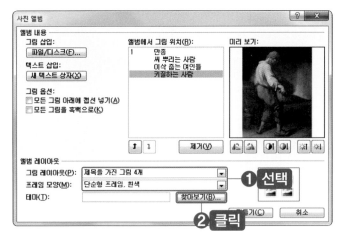

5 [테마 선택] 대화상자가 나타나면 테마(Oriel)를 선택한 후 [선택] 단추를 클릭합니다.

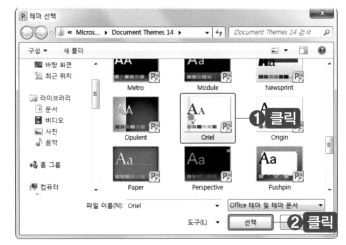

6 [사진 앨범] 대화상자가 다시 나타나면 [모든 그림 아래에 캡션 넣기]를 선택한 후 [만들기] 단추를 클릭합니다.

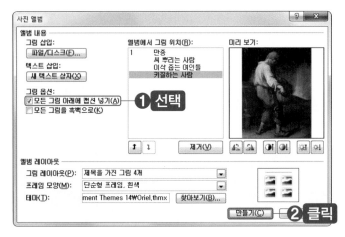

7 앨범이 만들어집니다.

Tip

앨범은 새 프레젠테이션에 만들어집니다.

1 앨범 레이아웃을 변경하기 위해 [삽입] 탭-[이미지] 그룹에서 [사진 앨범]의 ▾[목록] 단추를 클릭한 후 [사진 앨범 편집]을 클릭합니다.

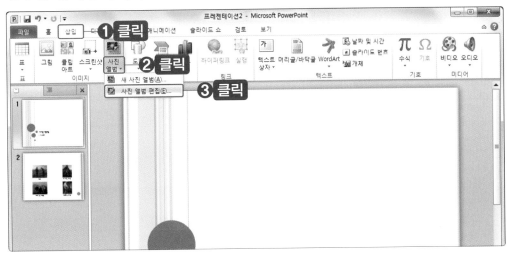

2 [사진 앨범 편집] 대화상자가 나타 나면 프레임 모양(사각형 가운데 그림자)을 선택한 후 [업데이트] 단추를 클릭합니다.

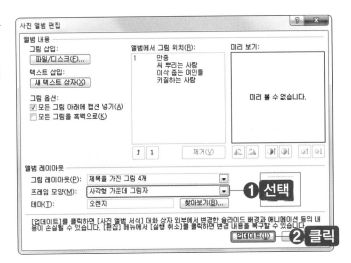

3 테마 글꼴을 변경하기 위해 [디자인] 탭-[테마] 그룹에서 [글꼴]을 클릭한 후 [Office] 를 클릭합니다.

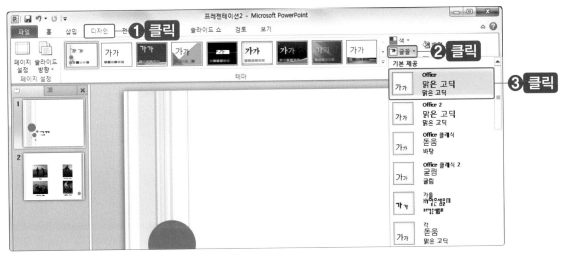

Chapter 17 – 앨범 만들기 **109**

4 슬라이드 탭에서 1번 슬라이드를 선택한 후 다음괴 같이 제목과 부제목을 수정합니다.

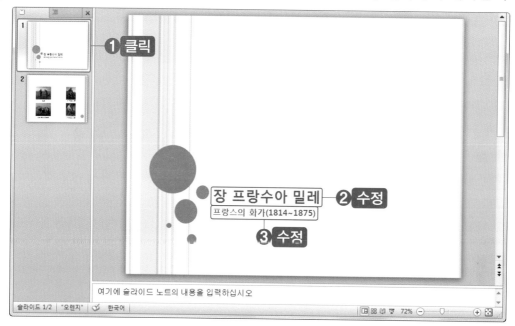

5 슬라이드 탭에서 2번 슬라이드를 선택한 후 다음과 같이 제목을 입력합니다.

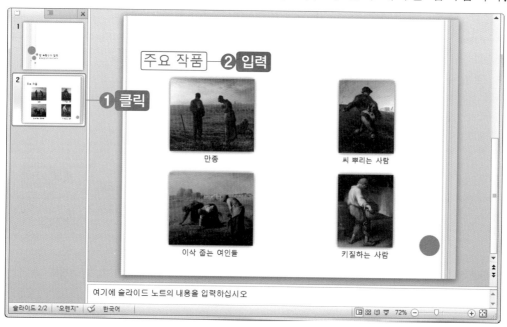

6 앨범이 수정되면 앨범을 저장합니다.

Tip

앨범 저장 : 위치(라이브러리\문서), 파일 이름(장 프랑수아 밀레)

01 다음과 같이 앨범을 만들어 보세요.

- 그림 삽입 : 위치(C:\스마트스쿨\파워포인트2010\Chapter17), 파일 이름(별이 빛나는 밤/오베르의 교회/ 자화상/해바라기)
- 앨범 레이아웃 : 그림 레이아웃(그림 4개), 프레임 모양(모서리가 둥근 직사각형), 테마(Flow)
- 그림 옵션 : [모든 그림 아래에 캡션 넣기] 선택

02 다음과 같이 앨범을 수정한 후 앨범을 저장해 보세요.

- 앨범 수정 : 앨범 레이아웃 변경(그림 레이아웃(그림 2개)), 1번 슬라이드의 제목과 부제목을 수정
- 앨범 저장 : 위치(라이브러리\문서), 파일 이름(빈센트 반 고흐)

Hint

[삽입] 탭-[이미지] 그룹에서 [사진 앨범]의 ㆍ[목록] 단추를 클릭한 후 [사진 앨범 편집]을 클릭하면 [사진 앨범 편집] 대화상자가 나타나는데요. [사진 앨범 편집] 대화상자에서 그림 레이아웃(그림 2개) 을 선택한 후 [업데이트] 단추를 클릭하면 앨범 레이아웃을 변경할 수 있습니다.

슬라이드 마스터와 유인물 마스터 설정하기

Chapter 18

◆슬라이드 마스터를 설정하는 방법에 대해 알아보겠습니다.
◆유인물 마스터를 설정하는 방법에 대해 알아보겠습니다.

슬라이드 마스터를 설정하면 제목이나 내용 등의 서식을 모든 슬라이드에 동일하게 적용하여 일관성 있는 프레젠테이션을 만들 수 있고, 유인물 마스터를 설정하면 유인물의 디자인을 변경할 수 있습니다.

4호선

- □ 관악산 : 사당역 4번 출구, 과천역 7번 출구
- □ 남산 : 충무로역 2번 출구, 명동역 /번 출구
- □ 북한산 : 길음역 /번•3번 출구, 성신여대역 /번•6번 출구
- □ 불암산 : 당고개역 /번 출구, 상계역 /번 출구
- □ 수락산 : 당고개역 /번 출구

1 '산행지' 파일을 연 후 [보기] 탭–[마스터 보기] 그룹에서 [슬라이드 마스터]를 클릭합니다.

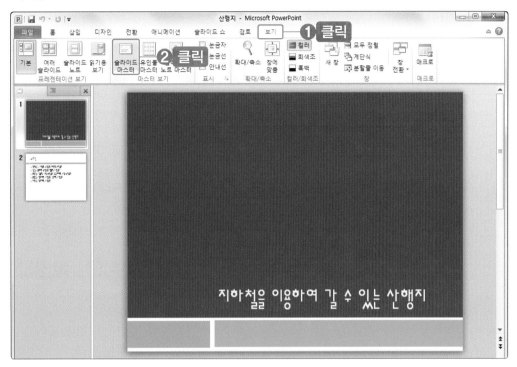

2 슬라이드 마스터 화면이 나타나면 슬라이드 마스터에서 글꼴 서식을 지정하기 위해 [마스터 텍스트 스타일을 편집합니다] 개체를 선택한 후 [홈] 탭–[글꼴] 그룹에서 글꼴(휴먼편지체)을 선택합니다.

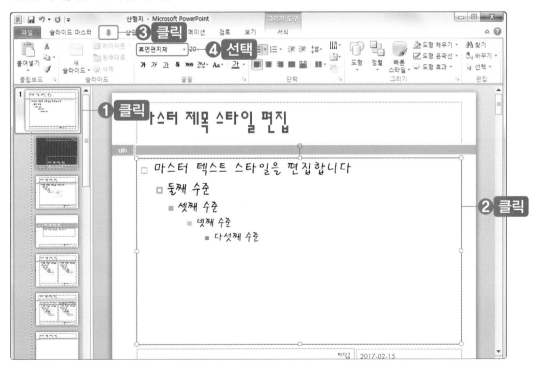

③ 그림을 삽입하기 위해 [삽입] 탭−[이미지] 그룹에서 [그림]을 클릭합니다.

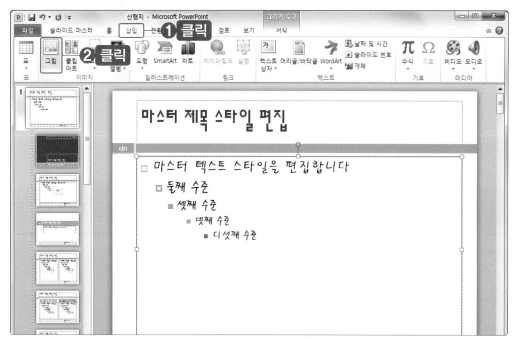

슬라이드 마스터와 제목 슬라이드 레이아웃

슬라이드 마스터는 슬라이드 마스터와 제목 슬라이드 레이아웃, 제목 및 내용 레이아웃, 구역 머리글 레이아웃 등 11종류의 레이아웃으로 구성되어 있는데요. 슬라이드 마스터를 설정하면 모든 슬라이드에 적용되고, 제목 슬라이드 레이아웃을 설정하면 제목 슬라이드에만 적용됩니다.

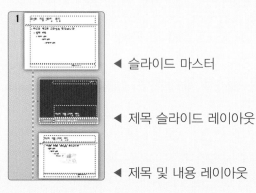

◀ 슬라이드 마스터

◀ 제목 슬라이드 레이아웃

◀ 제목 및 내용 레이아웃

④ [그림 삽입] 대화상자가 나타나면 위치(C:\스마트스쿨\파워포인트 2010\Chapter18)를 선택한 후 파일(산행지)을 선택한 다음 [삽입] 단추를 클릭합니다.

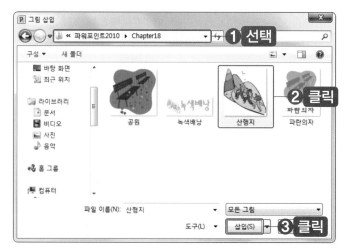

5 그림이 삽입되면 다음과 같이 그림을 이동시킵니다.

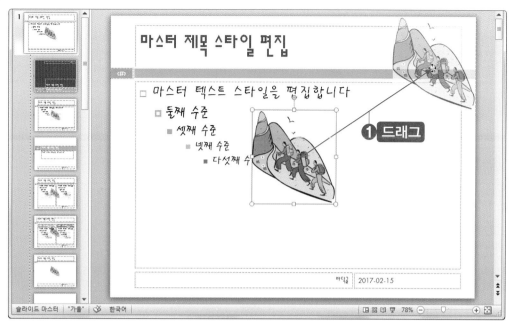

6 제목 슬라이드 레이아웃에서 글꼴 서식을 지정하기 위해 [마스터 제목 스타일 편집] 개체를 선택한 후 [홈] 탭-[글꼴] 그룹에서 글꼴(휴먼엑스포)과 글꼴 크기(28)를 선택한 다음 **S** [텍스트 그림자]를 클릭합니다.

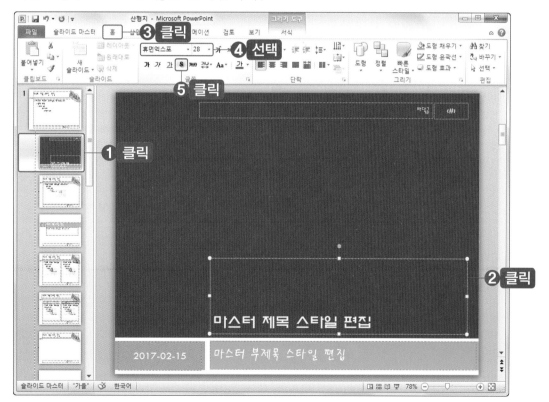

7 슬라이드 마스터 화면을 닫기 위해 [슬라이드 마스터] 탭–[닫기] 그룹에서 [마스터 보기 닫기]를 클릭합니다.

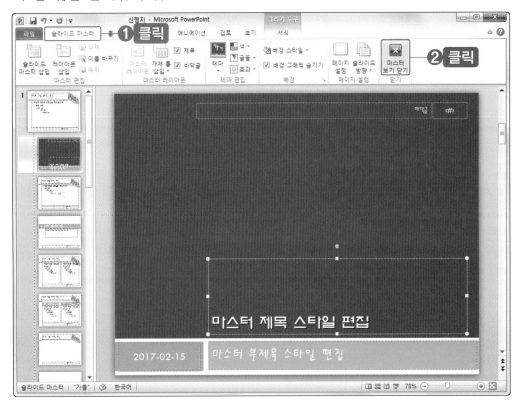

8 슬라이드 탭에서 슬라이드를 선택하면 다음과 같이 1번 슬라이드와 2번 슬라이드에 슬라이드 마스터가 적용된 것을 확인할 수 있습니다.

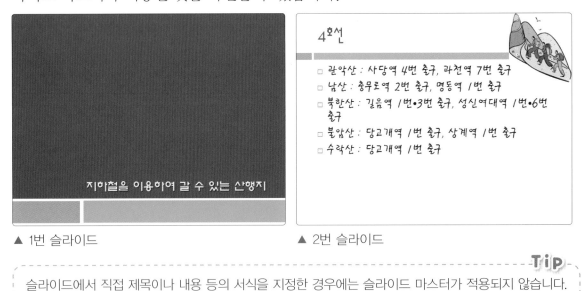

▲ 1번 슬라이드

▲ 2번 슬라이드

Tip

슬라이드에서 직접 제목이나 내용 등의 서식을 지정한 경우에는 슬라이드 마스터가 적용되지 않습니다.

1 [보기] 탭-[마스터 보기] 그룹에서 [유인물 마스터]를 클릭합니다.

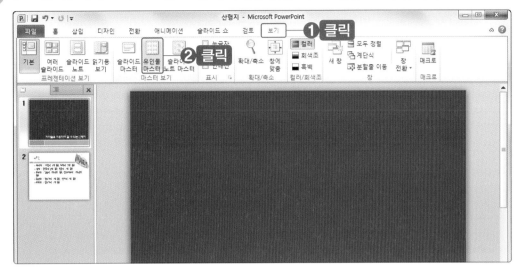

2 유인물 마스터 화면이 나타나면 그림을 삽입하기 위해 [삽입] 탭-[이미지] 그룹에서 [그림]을 클릭합니다.

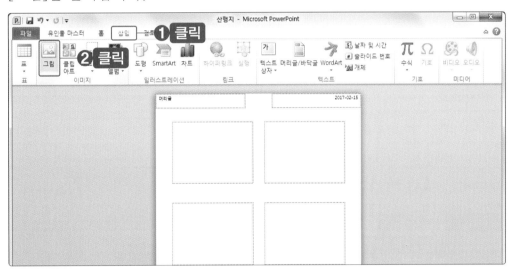

3 [그림 삽입] 대화상자가 나타나면 위치(C:\스마트스쿨\파워포인트2010\Chapter18)를 선택한 후 파일(녹색배낭)을 선택한 다음 [삽입] 단추를 클릭합니다.

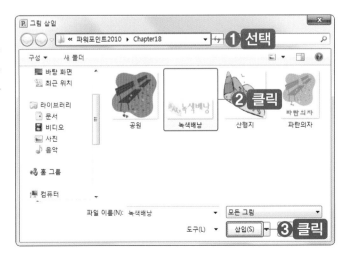

4 그림이 삽입되면 다음과 같이 그림을 이동시킵니다.

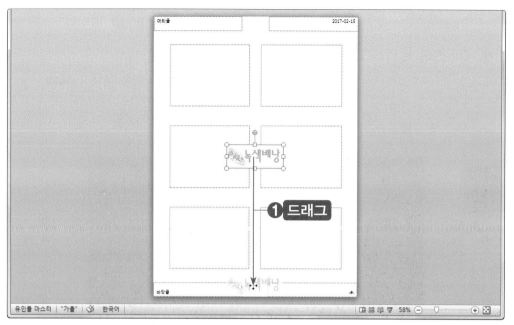

5 유인물 마스터 화면을 닫기 위해 [유인물 마스터] 탭-[닫기] 그룹에서 [마스터 보기 닫기]를 클릭합니다.

6 [파일] 탭-[인쇄]를 클릭한 후 인쇄 대상(2슬라이드)을 선택하면 다음과 같이 유인물에 유인물 마스터가 적용된 것을 확인할 수 있습니다.

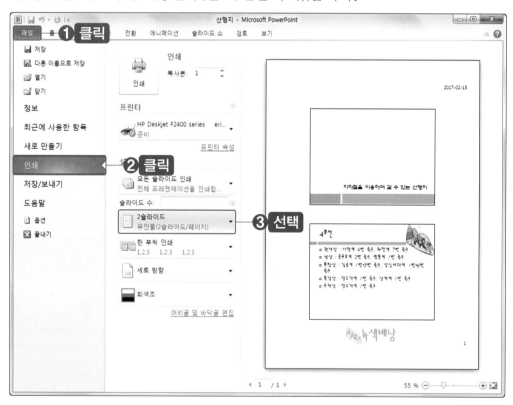

01 다음과 같이 '공원' 파일을 연 후 슬라이드 마스터를 설정해 보세요.

- **슬라이드 마스터** : [마스터 텍스트 스타일을 편집합니다] 개체(글꼴(HY수평선M)), 그림 삽입(위치(C:\스마트스쿨\파워포인트2010\Chapter18), 파일 이름(공원))
- **제목 슬라이드 레이아웃** : [마스터 제목 스타일 편집] 개체(글꼴(휴먼아미체), 글꼴 크기(54))

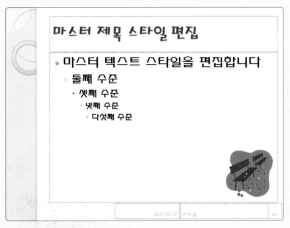

▲ 슬라이드 마스터

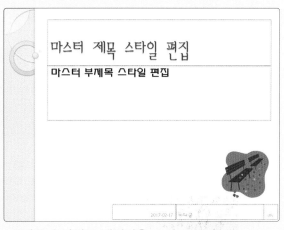

▲ 제목 슬라이드 레이아웃

02 다음과 같이 유인물 마스터를 설정해 보세요.

- **유인물 마스터** : 그림 삽입(위치(C:\스마트스쿨\파워포인트2010\Chapter18), 파일 이름(파란의자))

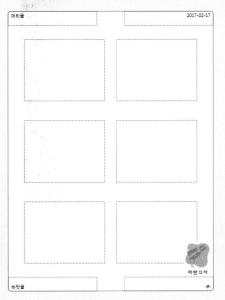

03 1번 슬라이드와 2번 슬라이드에 슬라이드 마스터가 적용된 것을 확인한 후 유인물에 유인물 마스터가 적용된 것을 확인해 보세요.

화면 전환 효과 지정하고 슬라이드 쇼 시작하기

◆화면 전환 효과를 지정하는 방법에 대해 알아보겠습니다.
◆슬라이드 쇼를 시작하는 방법에 대해 알아보겠습니다.

화면 전환 효과는 한 슬라이드에서 다른 슬라이드로 이동할 때 다른 슬라이드가 나타나는 방식을 말하는데요. 화면 전환 효과를 지정하면 생동감이 있어서 청중이 관심을 갖고 집중할 수 있도록 할 수 있습니다.

현악기
줄을 튕기거나 활로 그어서 소리를 내는 악기

1 '현악기' 파일을 연 후 슬라이드 탭에서 1번 슬라이드를 선택한 다음 [전환] 탭-[슬라이드 화면 전환] 그룹에서 ☰[자세히] 단추를 클릭합니다.

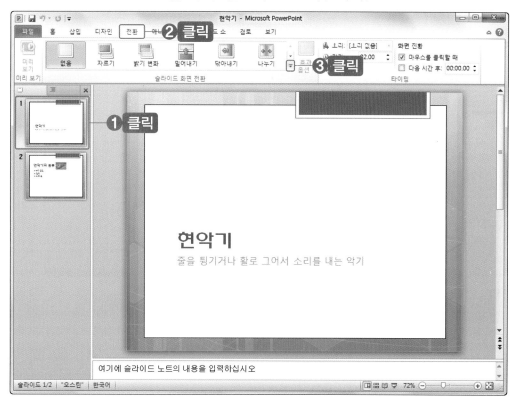

2 화면 전환 효과 목록이 나타나면 [도형]을 클릭합니다.

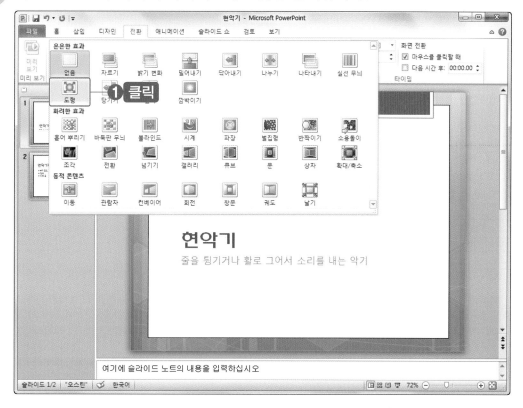

Chapter 19 - 화면 전환 효과 지정하고 슬라이드 쇼 시작하기 **121**

3 1번 슬라이드에 화면 전환 효과가 지정되면 화면 전환 효과 옵션을 지정하기 위해 [전환] 탭-[슬라이드 화면 전환] 그룹에서 [효과 옵션]을 클릭한 후 [다이아몬드]를 클릭합니다.

Tip

화면 전환 효과를 지정하면 해당 슬라이드 번호 아래에 ⭐[애니메이션 실행] 아이콘이 표시됩니다.

알아두면 실력튼튼

화면 전환 효과 옵션

다음과 같이 화면 전환 효과 옵션은 화면 전환 효과마다 다릅니다.

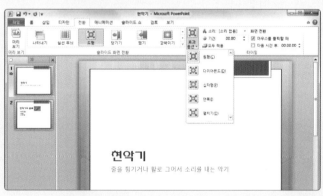

◀ 도형 화면 전환 효과의 화면 전환 효과 옵션

◀ 당기기 화면 전환 효과의 화면 전환 효과 옵션

4 기간을 지정하기 위해 [전환] 탭-[타이밍] 그룹에서 기간(2)을 입력한 후 모든 슬라이드에 화면 전환 효과를 지정하기 위해 [모두 적용]을 클릭합니다.

> Tip
> • 기간은 화면이 전환되는 시간을 말합니다.
> • [소리]를 클릭하면 화면을 전환하는 동안 재생할 소리를 선택할 수 있습니다.

5 다음과 같이 모든 슬라이드에 화면 전환 효과가 지정됩니다.

> Tip
> 슬라이드 탭에서 화면 전환 효과가 지정된 슬라이드를 선택한 후 [전환] 탭-[슬라이드 화면 전환] 그룹에서 ▼[자세히] 단추를 클릭한 다음 [없음]을 클릭하면 지정된 화면 전환 효과를 제거할 수 있습니다.

화면 전환 효과 확인하기

슬라이드 탭에서 화면 전환 효과가 지정된 슬라이드를 선택한 후 [전환] 탭–[미리 보기] 그룹에서 [미리 보기]를 클릭하거나 다음과 같이 ✿[애니메이션 실행] 아이콘을 클릭하면 지정된 화면 전환 효과를 확인할 수 있습니다.

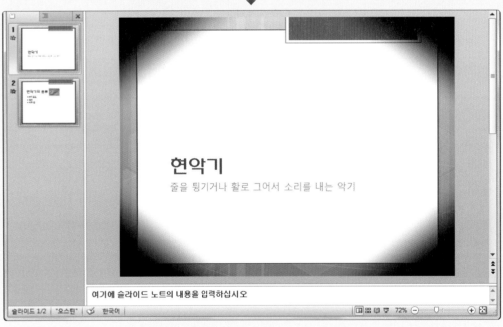

THEME 02 슬라이드 쇼 시작하기

1 1번 슬라이드부터 슬라이드 쇼를 시작하기 위해 [슬라이드 쇼] 탭–[슬라이드 쇼 시작] 그룹에서 [처음부터]를 클릭합니다.

> **Tip**
> - F5를 눌러 슬라이드 쇼를 시작할 수도 있습니다.
> - [슬라이드 쇼] 탭–[슬라이드 쇼 시작] 그룹에서 [처음부터]를 클릭하거나 F5를 누르면 1번 슬라이드 부터 슬라이드 쇼를 시작하고, 슬라이드 탭에서 2번 슬라이드를 선택한 후 [슬라이드 쇼] 탭–[슬라 이드 쇼 시작] 그룹에서 [현재 슬라이드부터]를 클릭하거나 Shift+F5를 누르면 2번 슬라이드부터 슬 라이드 쇼를 시작합니다.

2 1번 슬라이드가 전체 화면으로 나타나면 다음 슬라이드로 이동하기 위해 슬라이드를 클릭합니다.

3 2번 슬라이드가 전체 화면으로 나타나면 슬라이드 쇼를 종료하기 위해 Esc 를 누릅니다.

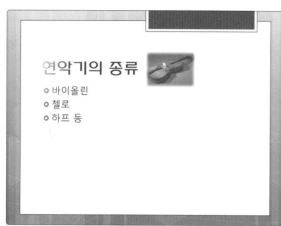 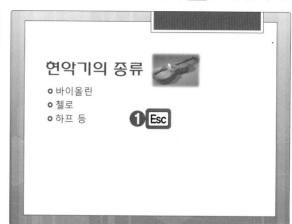

4 슬라이드 쇼가 종료됩니다.

슬라이드 쇼에서 키보드로 슬라이드 이동하기

- 다음 슬라이드로 이동 : Enter , SpaceBar , PageDown , → , ↓
- 이전 슬라이드로 이동 : BackSpace , PageUp , ← , ↑

01 다음과 같이 '타악기' 파일을 연 후 모든 슬라이드에 화면 전환 효과를 지정해 보세요.

- 화면 전환 효과 지정 : 화면 전환 효과(시계), 화면 전환 효과 옵션(V자형), 기간(2)

02 다음과 같이 2번 슬라이드부터 슬라이드 쇼를 시작해 보세요.

Hint

슬라이드 탭에서 2번 슬라이드를 선택한 후 [슬라이드 쇼] 탭–[슬라이드 쇼 시작] 그룹에서 [현재 슬라이드부터]를 클릭하면 2번 슬라이드부터 슬라이드 쇼를 시작할 수 있습니다.

애니메이션 지정하기

◆ 애니메이션을 지정하는 방법에 대해 알아보겠습니다.
◆ 애니메이션을 추가하는 방법에 대해 알아보겠습니다.

애니메이션은 개체나 단락에 지정할 수 있는데요. 애니메이션을 너무 많이 지정하면 산만하여 내용을 이해할 수 없게 만들 수 있으므로 주의해야 합니다.

아시아의 민속의상

대한민국 : 한복

중국 : 치파오

일본 : 기모노

1 '아시아의 민속의상' 파일을 연 후 첫 번째 도형을 선택한 다음 [애니메이션] 탭-[애니메이션] 그룹에서 ▽[자세히] 단추를 클릭합니다.

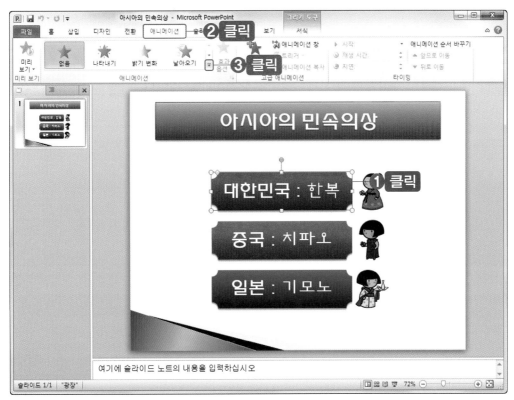

2 애니메이션 목록이 나타나면 [나타내기]-[올라오기]를 클릭합니다.

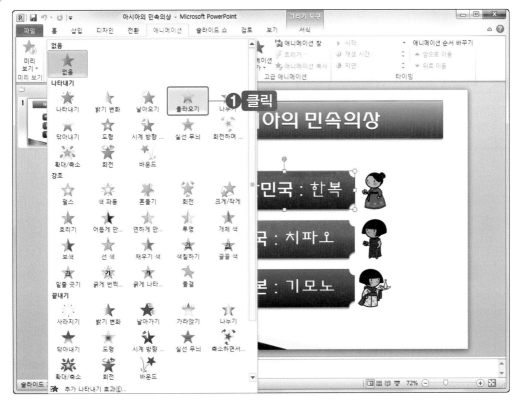

3 첫 번째 도형에 애니메이션이 지정되면 애니메이션 효과 옵션을 지정하기 위해 [애니메이션] 탭-[애니메이션] 그룹에서 [효과 옵션]을 클릭한 후 [떠오르며 내려가기]를 클릭합니다.

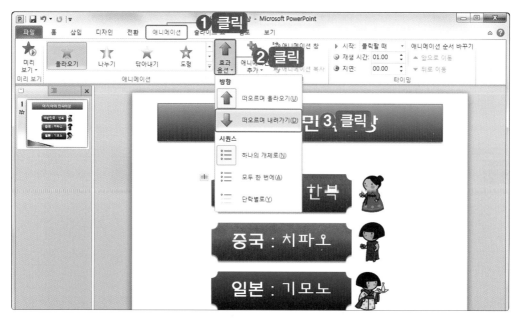

> **Tip**
> 애니메이션을 지정하면 해당 개체나 단락의 왼쪽 위에 애니메이션 번호가 표시되고, 해당 슬라이드
> 번호 아래에 ☆[애니메이션 실행] 아이콘이 표시됩니다.

알아두면 실력튼튼

애니메이션 효과 옵션

다음과 같이 애니메이션 효과 옵션은 애니메이션마다 다릅니다.

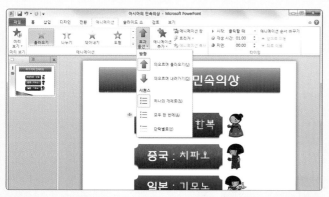

◀ 올라오기 애니메이션의 애니메이션 효과 옵션

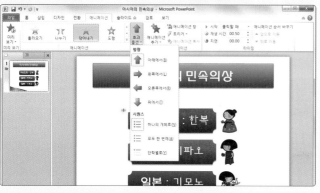

◀ 닦아내기 애니메이션의 애니메이션 효과 옵션

4 재생 시간과 지연을 지정하기 위해 [애니메이션] 탭-[타이밍] 그룹에서 재생 시간(2)과 지연(1)을 입력합니다.

> **Tip**
> • 재생 시간은 애니메이션이 실행되는 시간을 말하고, 지연은 애니메이션이 실행되기 전에 대기하는 시간을 말합니다.
> • 애니메이션 번호를 선택한 후 [애니메이션] 탭-[애니메이션] 그룹에서 ▼[자세히] 단추를 클릭한 다음 [없음]을 클릭하면 지정된 애니메이션을 제거할 수 있습니다.

5 같은 방법으로 다음과 같이 두 번째 도형과 세 번째 도형에 애니메이션을 지정합니다.

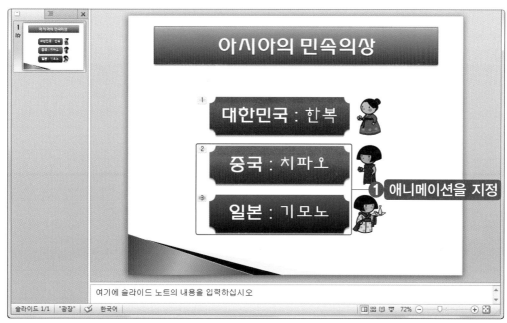

> **Tip**
> • 두 번째 도형 : 애니메이션 지정([나타내기]-[날아오기]), 효과 옵션(왼쪽에서), 재생 시간(2), 지연(1)
> • 세 번째 도형 : 애니메이션 지정([나타내기]-[올라오기]), 효과 옵션(떠오르며 올라오기), 재생 시간(2), 지연(1)

애니메이션 확인하기

슬라이드 탭에서 애니메이션이 지정된 개체나 단락이 있는 슬라이드를 선택한 후 [애니메이션] 탭-[미리 보기] 그룹에서 [미리 보기]를 클릭하거나 다음과 같이 [애니메이션 실행] 아이콘을 클릭하면 지정된 애니메이션을 확인할 수 있는데요. 애니메이션을 지정하지 않은 개체나 단락은 애니메이션을 지정한 개체나 단락보다 먼저 나타납니다.

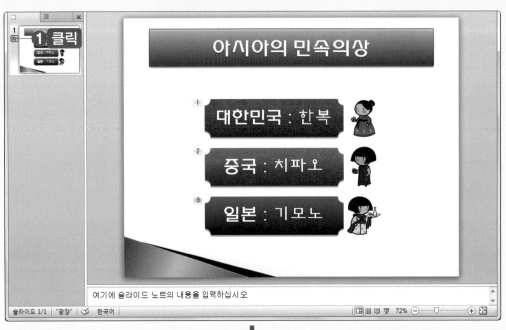

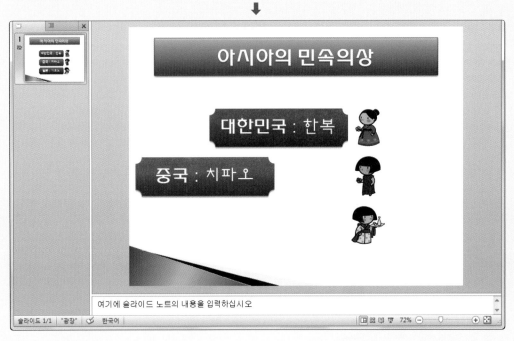

1 첫 번째 도형을 선택한 후 [애니메이션] 탭-[고급 애니메이션] 그룹에서 [애니메이션 추가]를 클릭한 다음 [추가 나타내기 효과]를 클릭합니다.

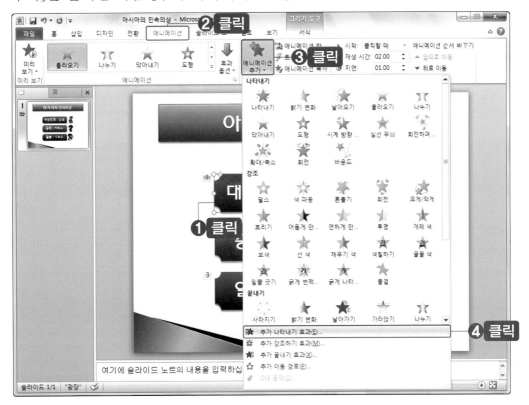

2 [나타내기 효과 추가] 대화상자가 나타나면 [온화한 효과]-[돌기]를 선택한 후 [확인] 단추를 클릭합니다.

3 같은 방법으로 다음과 같이 두 번째 도형과 세 번째 도형에 애니메이션을 추가합니다.

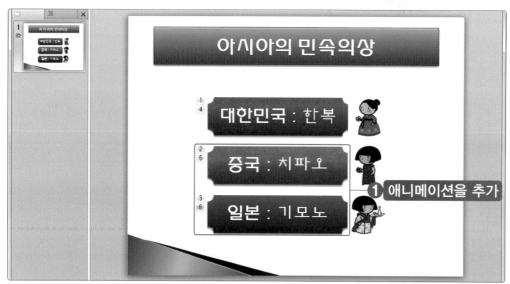

Tip
- 두 번째 도형 : 애니메이션 추가([추가 나타내기 효과]–[온화한 효과]–[돌기])
- 세 번째 도형 : 애니메이션 추가([추가 나타내기 효과]–[온화한 효과]–[돌기])

알아두면 실력튼튼

애니메이션이 실행되는 순서 바꾸기

다음과 같이 애니메이션 번호를 선택한 후 [애니메이션] 탭–[타이밍] 그룹에서 [앞으로 이동]을 클릭하면 선택한 애니메이션을 지금보다 일찍 실행할 수 있고, [뒤로 이동]을 클릭하면 선택한 애니메이션을 지금보다 늦게 실행할 수 있습니다.

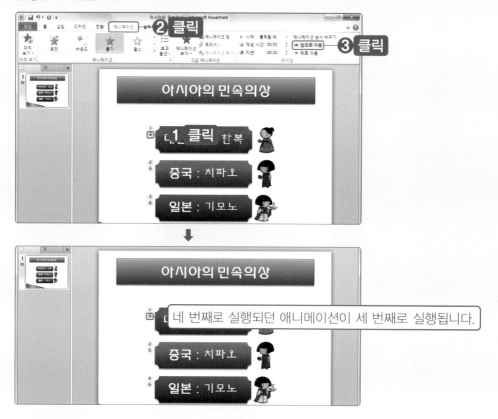

01 다음과 같이 '유럽의 민속의상' 파일을 연 후 도형에 애니메이션을 지정해 보세요.

• 첫 번째 도형/두 번째 도형/세 번째 도형 : 애니메이션 지정([강조]-[회전]), 효과 옵션(시계 방향), 재생 시간(2), 지연(1)

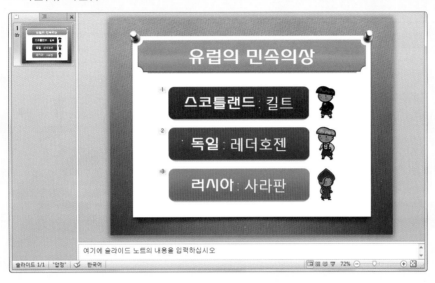

02 다음과 같이 도형에 애니메이션을 추가해 보세요.

• 첫 번째 도형/두 번째 도형/세 번째 도형 : 애니메이션 추가([추가 강조하기 효과]-[화려한 효과]-[깜박이기])

03 도형에 지정된 애니메이션을 확인해 보세요.

하이퍼링크와 실행 단추 삽입하기

Chapter 21

◆ 하이퍼링크를 삽입하는 방법에 대해 알아보겠습니다.
◆ 실행 단추를 삽입하는 방법에 대해 알아보겠습니다.

하이퍼링크와 실행 단추는 슬라이드 쇼를 진행하다가 다른 슬라이드로 바로 이동할 수 있는 기능인데요. 하이퍼링크와 실행 단추를 삽입하면 슬라이드 쇼를 매끄럽게 진행하여 효과적인 프레젠테이션을 할 수 있습니다.

경기도 소재 국립박물관

지도박물관

철도박물관

1 '경기도 소재 국립박물관' 파일을 연 후 슬라이드 탭에서 1번 슬라이드를 선택한 다음 '지도박물관'을 드래그하여 선택하고 [삽입] 탭-[링크] 그룹에서 [하이퍼링크]를 클릭합니다.

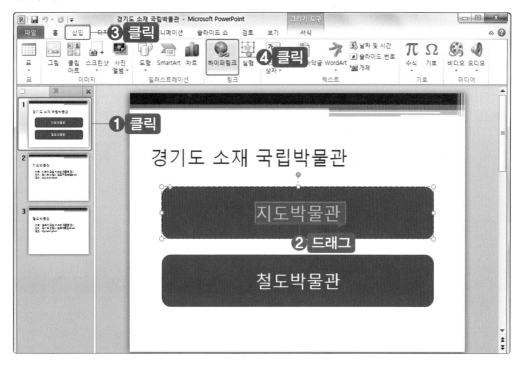

2 [하이퍼링크 삽입] 대화상자가 나타나면 연결 대상(현재 문서)을 선택한 후 이 문서에서 위치(2. 지도박물관)를 선택한 다음 [확인] 단추를 클릭합니다.

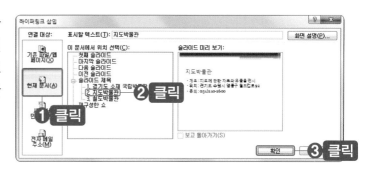

3 같은 방법으로 다음과 같이 1번 슬라이드의 '철도박물관'에 하이퍼링크를 삽입합니다.

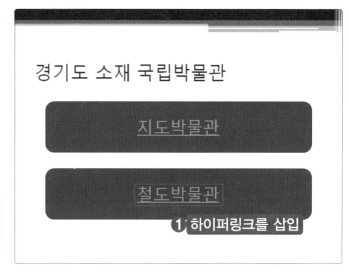

> **Tip**
> 1번 슬라이드의 '철도박물관' : 하이퍼링크 삽입(연결 대상(현재 문서), 이 문서에서 위치(3. 철도박물관))

4 1번 슬라이드부터 슬라이드 쇼를 시작하기 위해 [슬라이드 쇼] 탭-[슬라이드 쇼 시작] 그룹에서 [처음부터]를 클릭합니다.

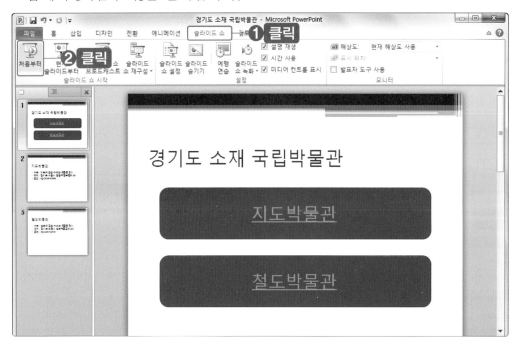

5 1번 슬라이드가 전체 화면으로 나타나면 '지도박물관'을 클릭합니다.

경기도 소재 국립박물관

지도박물관 **1 클릭**

철도박물관

6 2번 슬라이드가 전체 화면으로 나타나면 이전 슬라이드로 이동하기 위해 BackSpace 를 누릅니다.

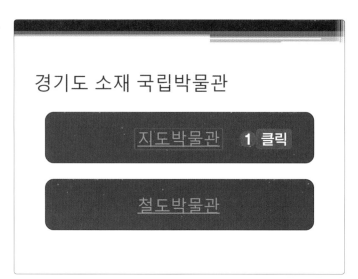

Tip

1번 슬라이드의 '지도박물관'에 2번 슬라이드로 이동하는 하이퍼링크가 삽입되어 있기 때문에 2번 슬라이드가 전체 화면으로 나타납니다.

7 1번 슬라이드가 전체 화면으로 나타나면 '철도박물관'을 클릭합니다.

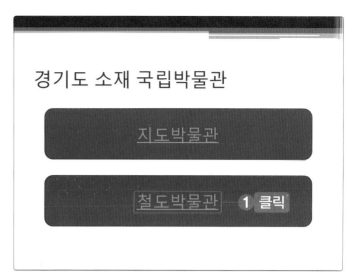

8 3번 슬라이드가 전체 화면으로 나타나면 슬라이드 쇼를 종료하기 위해 [Esc]를 누릅니다.

> **Tip**
>
> 1번 슬라이드의 '철도박물관'에 3번 슬라이드로 이동하는 하이퍼링크가 삽입되어 있기 때문에 3번 슬라이드가 전체 화면으로 나타납니다.

9 슬라이드 쇼가 종료됩니다.

알아두면 실력튼튼

하이퍼링크 제거하기

하이퍼링크가 삽입되어 있는 텍스트를 드래그하여 선택한 후 [삽입] 탭-[링크] 그룹에서 [하이퍼링크]를 클릭하면 다음과 같이 [하이퍼링크 편집] 대화상자가 나타나는데요. [하이퍼링크 편집] 대화상자에서 [링크 제거] 단추를 클릭하면 하이퍼링크를 제거할 수 있습니다.

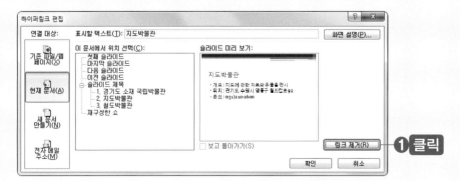

1 슬라이드 탭에서 2번 슬라이드를 선택한 후 [삽입] 탭─[일러스트레이션] 그룹에서 [도형]을 클릭한 다음 🏠[실행 단추: 홈]을 클릭합니다.

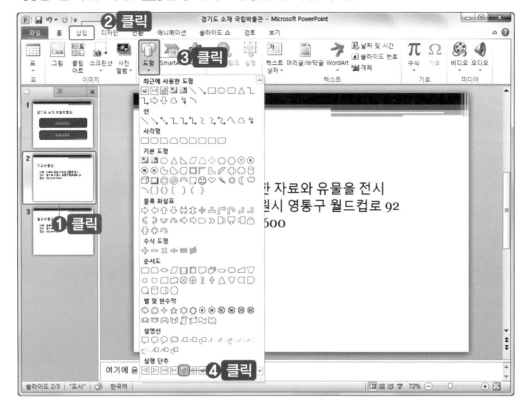

Tip

실행 단추는 슬라이드를 이동할 수 있는 하이퍼링크(이전 슬라이드, 다음 슬라이드, 첫째 슬라이드, 마지막 슬라이드 등)가 삽입되어 있는 단추 도형입니다.

2 마우스 포인터가 + 모양으로 변경되면 다음과 같이 드래그하여 실행 단추를 그립니다.

지도박물관

- 개요 : 지도에 관한 자료와 유물을 전시
- 위치 : 경기도 수원시 영통구 월드컵로 92
- 문의 : 031)210-2600

① 드래그

3 [실행 설정] 대화상자가 나타나면 [마우스를 클릭할 때] 탭에서 하이퍼링크가 '첫째 슬라이드'로 선택되어 있는 것을 확인한 후 [확인] 단추를 클릭합니다.

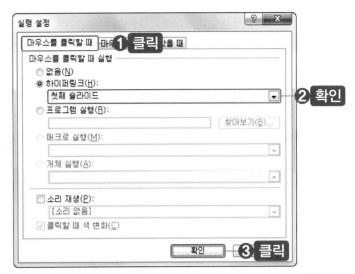

Tip

- [실행 설정] 대화상자는 실행 단추를 삽입하자마자 나타납니다.
- 🏠[실행 단추: 홈]에는 기본적으로 첫째 슬라이드(1번 슬라이드)로 이동하는 하이퍼링크가 삽입되어 있습니다.

4 같은 방법으로 다음과 같이 3번 슬라이드에 실행 단추를 삽입합니다.

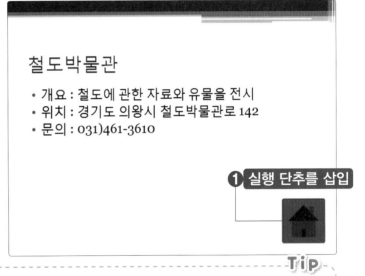

Tip

슬라이드의 🏠을 선택한 후 [삽입] 탭–[링크] 그룹에서 [하이퍼링크]를 클릭하면 슬라이드의 🏠에 삽입되어 있는 하이퍼링크를 수정할 수 있습니다.

알아두면 실력튼튼

실행 단추에 기본적으로 삽입되어 있는 하이퍼링크

- ◁[실행 단추: 뒤로 또는 이전] : 이전 슬라이드
- ▷[실행 단추: 앞으로 또는 다음] : 다음 슬라이드
- ◁◁[실행 단추: 시작] : 첫째 슬라이드
- ▷▷[실행 단추: 끝] : 마지막 슬라이드
- 🏠[실행 단추: 홈] : 첫째 슬라이드
- 🔙[실행 단추: 돌아가기] : 마지막으로 본 슬라이드

5 1번 슬라이드부터 슬라이드 쇼를 시작하기 위해 [슬라이드 쇼] 탭-[슬라이드 쇼 시작] 그룹에서 [처음부터]를 클릭합니다.

6 1번 슬라이드가 전체 화면으로 나타나면 '지도박물관'을 클릭합니다.

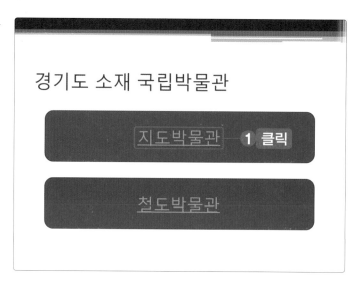

7 2번 슬라이드가 전체 화면으로 나타나면 1번 슬라이드로 이동하기 위해 ■를 클릭합니다.

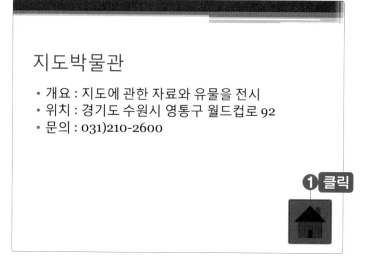

8 1번 슬라이드가 전체 화면으로 나타나면 슬라이드 쇼를 종료하기 위해 Esc를 누릅니다.

Tip

2번 슬라이드의 ■에 1번 슬라이드로 이동하는 하이퍼링크가 삽입되어 있기 때문에 1번 슬라이드가 전체 화면으로 나타납니다.

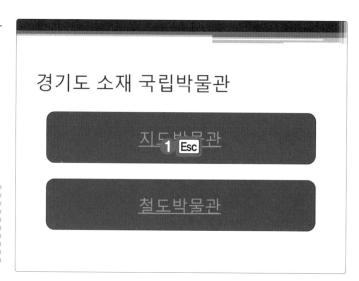

9 슬라이드 쇼가 종료됩니다.

01 다음과 같이 '광역시 소재 국립박물관' 파일을 연 후 하이퍼링크와 실행 단추를 삽입해 보세요.

- 1번 슬라이드의 '**국립광주박물관**' : 하이퍼링크 삽입(연결 대상(현재 문서), 이 문서에서 위치(2. 국립광주 박물관))
- 1번 슬라이드의 '**국립대구박물관**' : 하이퍼링크 삽입(연결 대상(현재 문서), 이 문서에서 위치(3. 국립대구 박물관))
- 2번 슬라이드/3번 슬라이드 : 실행 단추 삽입(圖[실행 단추: 홈])

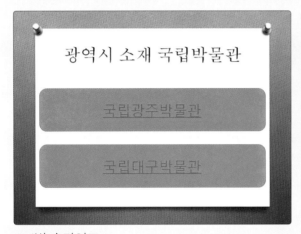

▲ 1번 슬라이드

▲ 2번 슬라이드

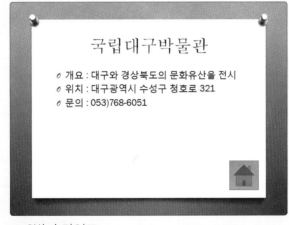

▲ 3번 슬라이드

02 1번 슬라이드부터 슬라이드 쇼를 시작하여 삽입한 하이퍼링크와 실행 단추를 확인해 보세요.

슬라이드 숨기고
슬라이드 쇼 재구성하기

◆ 슬라이드를 숨기는 방법에 대해 알아보겠습니다.
◆ 슬라이드 쇼를 재구성하는 방법에 대해 알아보겠습니다.

프레젠테이션을 만든 후 슬라이드 쇼를 진행하다 보면 필요 없는 슬라이드가 있을 수 있는데요. 이런 경우, 필요 없는 슬라이드를 숨기거나 슬라이드 쇼를 재구성하면 필요 없는 슬라이드가 나타나지 않게 할 수 있습니다.

1 '우리나라의 국보' 파일을 연 후 슬라이드를 숨기기 위해 슬라이드 탭에서 2번 슬라이드를 선택한 다음 [슬라이드 쇼] 탭-[설정] 그룹에서 [슬라이드 숨기기]를 선택합니다.

Tip

[슬라이드 숨기기]는 클릭하면 선택되고, 다시 클릭하면 선택 해제됩니다.

2 슬라이드가 숨겨지면 1번 슬라이드부터 슬라이드 쇼를 시작하기 위해 [슬라이드 쇼] 탭-[슬라이드 쇼 시작] 그룹에서 [처음부터]를 클릭합니다.

3 1번 슬라이드가 전체 화면으로 나타나면 다음 슬라이드로 이동하기 위해 슬라이드를 클릭합니다.

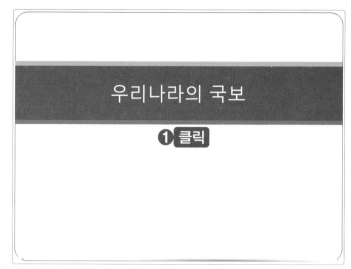

4 3번 슬라이드가 전체 화면으로 나타나면 슬라이드 쇼를 종료하기 위해 Esc를 누릅니다.

> **Tip**
> 2번 슬라이드가 숨겨져 있기 때문에 3번 슬라이드가 전체 화면으로 나타납니다.

5 슬라이드 쇼가 종료되면 숨긴 슬라이드를 다시 표시하기 위해 슬라이드 탭에서 2번 슬라이드를 선택한 후 [슬라이드 쇼] 탭−[설정] 그룹에서 [슬라이드 숨기기]를 선택 해제합니다.

1 [슬라이드 쇼] 탭-[슬라이드 쇼 시작] 그룹에서 [슬라이드 쇼 재구성]을 클릭한 후 [쇼 재구성]을 클릭합니다.

2 [쇼 재구성] 대화상자가 나타나면 [새로 만들기] 단추를 클릭합니다.

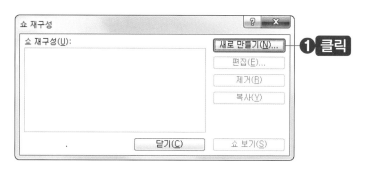

3 [쇼 재구성하기] 대화상자가 나타나면 슬라이드 쇼 이름(국보 제5호와 국보 제6호)을 입력한 후 프레젠테이션에 있는 슬라이드에서 1번 슬라이드와 4번 슬라이드를 선택한 다음 [추가] 단추를 클릭합니다. 그런 다음 1번 슬라이드와 4번 슬라이드가 재구성한 쇼에 있는 슬라이드에 추가되면 [확인] 단추를 클릭합니다.

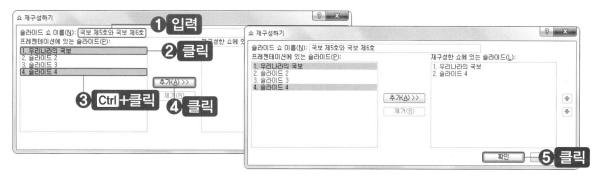

4 [쇼 재구성] 대화상자가 다시 나타 나면 [쇼 보기] 단추를 클릭합니다.

Tip

재구성한 쇼를 선택한 후 [편집] 단추를 클릭하면 재구성한 쇼를 수정할 수 있고, [제거] 단추를 클릭 하면 재구성한 쇼를 제거할 수 있습니다.

5 1번 슬라이드가 전체 화면으로 나타나면 다음 슬라이드로 이동하기 위해 슬라이드를 클 릭합니다.

6 2번 슬라이드가 전체 화면으로 나 타나면 슬라이드 쇼를 종료하기 위해 Esc를 누릅니다.

Tip

재구성한 쇼에 있는 슬라이드만 전체 화면으로 나타나는 것을 확인할 수 있습니다.

국보 제5호(법주사 쌍사자 석등)   국보 제6호(탑평리 칠층석탑)

7 슬라이드 쇼가 종료됩니다.

알아두면 실력튼튼

재구성한 쇼 보기

재구성한 쇼는 [쇼 재구성] 대화상자에서 재구성한 쇼를 선택한 후 [쇼 보기] 단추를 클릭하면 볼 수 있지만 다음과 같이 [슬라이드 쇼] 탭–[슬라이드 쇼 시작] 그룹에서 [슬라이드 쇼 재구성]을 클릭한 후 재구성한 쇼(슬 라이드 쇼를 재구성하면 표시됩니다)를 클릭하여 볼 수도 있습니다.

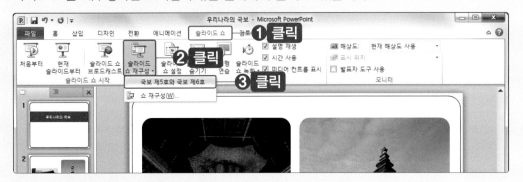

01 다음과 같이 '우리나라의 보물' 파일을 연 후 3번 슬라이드를 숨겨 보세요.

02 1번 슬라이드부터 슬라이드 쇼를 시작하여 숨긴 슬라이드가 전체 화면으로 나타나지 않는 것을 확인한 후 숨긴 슬라이드를 다시 표시해 보세요.

03 다음과 같이 슬라이드 쇼를 재구성해 보세요.

- 슬라이드 쇼 이름 : 보물 제1호와 보물 제2호
- 재구성한 쇼에 있는 슬라이드 : 1번 슬라이드/2번 슬라이드

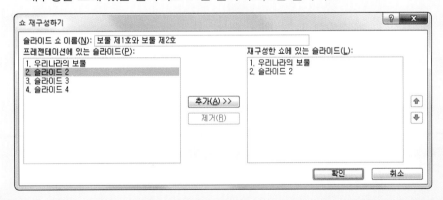

04 재구성한 쇼를 봐 보세요.

Hint

[슬라이드 쇼] 탭–[슬라이드 쇼 시작] 그룹에서 [슬라이드 쇼 재구성]을 클릭한 후 [보물 제1호와 보물 제2호]를 클릭하면 재구성한 쇼를 볼 수 있습니다.

슬라이드 쇼 진행하고 예행 연습하기

◆ 슬라이드 쇼를 진행하는 방법에 대해 알아보겠습니다.
◆ 예행 연습을 하는 방법에 대해 알아보겠습니다.

예행 연습은 슬라이드 쇼를 매끄럽게 진행하기 위해 미리 슬라이드 쇼를 진행해 볼 수 있는 기능인데요. 슬라이드 쇼를 진행할 때 필요한 기능을 익히고 예행 연습을 충분히 한다면 훌륭한 프레젠테이션을 할 수 있을 것입니다.

세종대왕은 조선의 제4대 왕(재위 기간 1418~1450)으로 이름은 이도입니다. 세종대왕은 궁중에 집현전을 설치하여 학문을 연구하도록 하였고, 앙부일구(해시계)와 자격루(물시계) 등의 과학 기구를 만들도록 하였습니다. 또한 여진족을 몰아내고 4군과 6진(군사 시설)을 설치하도록 하여 국토를 확장하였고, 왜구의 소굴인 쓰시마 섬(대마도)을 정벌하도록 하여 나라를 안정시켰습니다. 그리고 세상에서 가장 독창적이고 과학적인 한글(훈민정음)을 창제하여 백성이 쉽게 글자를 사용할 수 있도록 하였습니다.

세종대왕

1 '우리나라의 위인' 파일을 연 후 [슬라이드 쇼] 탭-[슬라이드 쇼 시작] 그룹에서 [처음부터]를 클릭합니다.

2 1번 슬라이드가 전체 화면으로 나타나면 3번 슬라이드로 이동하기 위해 ③을 누른 후 Enter를 누릅니다.

Tip

슬라이드 번호를 누른 후 Enter를 누르면 해당 슬라이드로 바로 이동할 수 있습니다.

3 3번 슬라이드가 전체 화면으로 나타나면 형광펜으로 주요 내용을 표시하기 위해 슬라이드의 바로 가기 메뉴에서 [포인터 옵션]-[형광펜]을 클릭합니다.

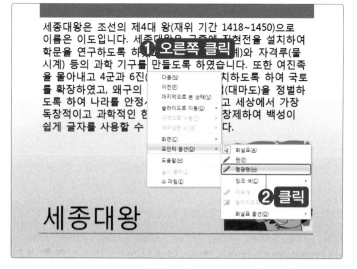

포인터 옵션

❶ **화살표/펜/형광펜** : 마우스 포인터를 화살표 모양/펜 모양/형광펜 모양으로 변경합니다.

❷ **잉크 색** : 펜이나 형광펜의 색을 지정합니다.

❸ **지우개** : 마우스 포인터를 지우개 모양으로 변경합니다. 드래그하면 잉크 주석(펜이나 형광펜으로 표시한 흔적)을 지울 수 있습니다.

❹ **슬라이드의 모든 잉크 삭제** : 슬라이드 쇼를 진행하면서 주요 내용에 표시한 모든 잉크 주석을 지웁니다.

❺ **화살표 옵션** : 마우스 포인터를 보이거나 숨깁니다.

4 마우스 포인터가 형광펜 모양으로 변경되면 다음과 같이 드래그하여 주요 내용을 표시한 후 4번 슬라이드로 이동하기 위해 [Enter]를 누릅니다.

세종대왕은 조선의 제4대 왕(재위 기간 1418~1450)으로 이름은 이도입니다. 세종대왕은 궁중에 집현전을 설치하여 학문을 연구하도록 하였고, 앙부일구(해시계)와 자격루(물시계) 등의 과학 기구를 만들도록 하였습니다. 또한 여진족을 몰아내고 4군과 6진(군사 시설)을 설치하도록 하여 국토를 확장하였고, 왜구의 소굴인 쓰시마 섬(대마도)을 정벌하도록 하여 나라를 안정시켰습니다. 그리고 세상에서 가장 독창적이고 과학적인 한글(훈민정음)을 창제하여 백성이 쉽게 글자를 사용할 수 있도록 하였습니다.

❶ 드래그한 후 [Enter]

세종대왕

Tip

펜이나 형광펜을 사용하면 클릭하여 다음 슬라이드로 이동할 수 없기 때문에 [Enter]를 눌러 이동해야 합니다.

5 4번 슬라이드가 전체 화면으로 나타나면 슬라이드 쇼를 종료하기 위해 Esc를 누릅니다.

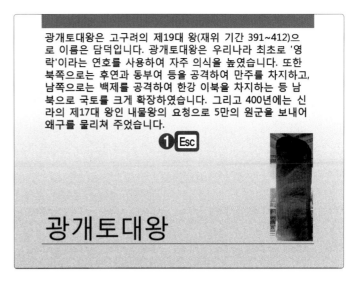

6 '잉크 주석을 유지하시겠습니까?' 라고 묻는 대화상자가 나타나면 [아니오] 단추를 클릭합니다.

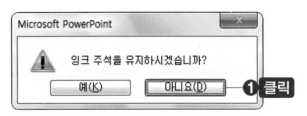

> **Tip**
>
> [예] 단추를 클릭하면 잉크 주석이 슬라이드에 도형을 그린 것처럼 삽입됩니다.

7 슬라이드 쇼가 종료됩니다.

알아두면 실력튼튼

슬라이드 쇼 일시 중지하기

- **방법1** : ⸴를 누르면(흰 화면이 됩니다) 슬라이드 쇼를 일시 중지시킬 수 있고, 다시 ⸴를 누르면 슬라이드 쇼를 진행시킬 수 있습니다.
- **방법2** : .를 누르면(검은 화면이 됩니다) 슬라이드 쇼를 일시 중지시킬 수 있고, 다시 .를 누르면 슬라이드 쇼를 진행시킬 수 있습니다.

1 [슬라이드 쇼] 탭-[설정] 그룹에서 [예행 연습]을 클릭합니다.

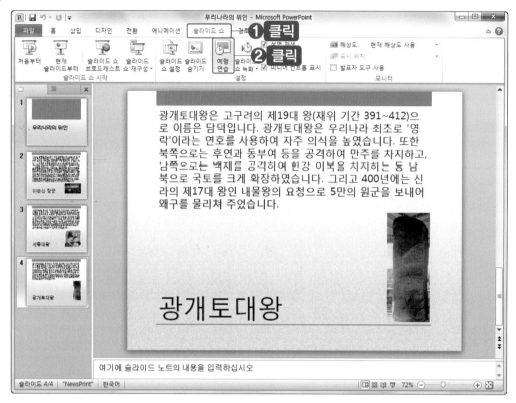

2 [녹화] 도구 모음과 함께 1번 슬라이드가 전체 화면으로 나타나면 슬라이드 쇼를 진행합니다.

Tip

[녹화] 도구 모음은 슬라이드 쇼의 진행 시간을 기록하는데요. 슬라이드 쇼를 일시 중지시킨 시간이나 펜이나 형광펜으로 주요 내용을 표시한 시간 등은 슬라이드 쇼의 진행 시간에 포함되지 않습니다.

3 슬라이드 쇼를 종료한 후 '슬라이드 쇼를 볼 때 새 슬라이드 시간을 사용하시겠습니까?'라고 묻는 대화상자가 나타나면 [예] 단추를 클릭합니다.

4 다음과 같이 프레젠테이션 보기를 여러 슬라이드 보기로 전환하여 슬라이드별로 슬라이드 시간을 표시해 줍니다. 슬라이드 시간대로 슬라이드 쇼가 진행되는지 확인하기 위해 [슬라이드 쇼] 탭-[슬라이드 쇼 시작] 그룹에서 [처음부터]를 클릭합니다.

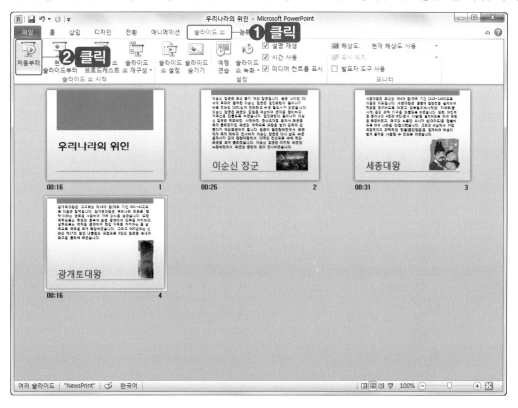

5 다음과 같이 슬라이드 시간대로 슬라이드 쇼가 진행되는 것을 확인할 수 있습니다.

슬라이드 시간 사용하지 않기

다음과 같이 [전환] 탭–[타이밍] 그룹을 보면 [다음 시간 후]가 선택되어 있는 것을 확인할 수 있는데요. 예행 연습을 한 후 슬라이드 시간을 사용하면 [다음 시간 후]가 자동으로 선택되는 것입니다. [다음 시간 후]를 선택 해제하면 슬라이드 시간을 사용하지 않을 수 있습니다.

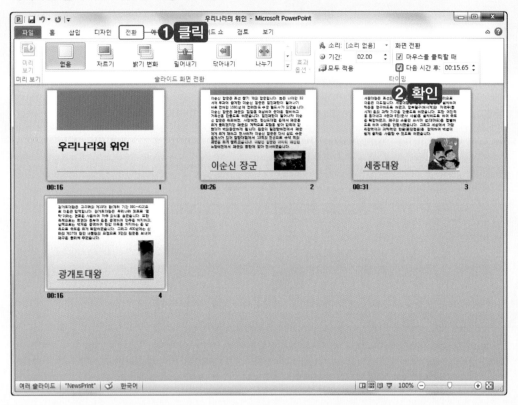

01 다음과 같이 '세계의 위인' 파일을 연 후 슬라이드 쇼를 진행하면서 펜으로 주요 내용을 표시해 보세요.

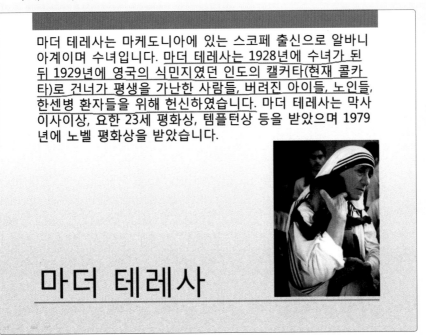

02 다음과 같이 예행 연습을 하여 슬라이드 시간을 표시해 보세요.

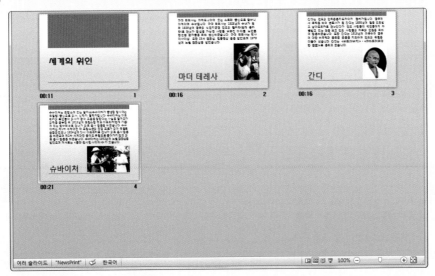

01 다음 중 슬라이드 마스터에 대한 설명으로 옳지 않은 것은 어느 것인지 골라 보세요.

① 슬라이드 마스터를 설정하면 제목이나 내용 등의 서식을 모든 슬라이드에 동일하게 적용할 수 있습니다.

② [보기] 탭-[마스터 보기] 그룹에서 [슬라이드 마스터]를 클릭하면 슬라이드 마스터를 설정할 수 있습니다.

③ 슬라이드 마스터를 설정하면 슬라이드에서 직접 제목이나 내용 등의 서식을 지정할 수 없습니다.

④ 제목 슬라이드 레이아웃을 설정하면 제목 슬라이드에만 적용됩니다.

02 다음 □ 안에 들어갈 말은 무엇인지 적어 보세요.

> □□□□□□은(는) 슬라이드 쇼를 진행하면서 펜이나 형광펜으로 표시한 흔적을 말합니다.

03 다음 중 슬라이드 쇼를 시작하는 방법에 대한 설명으로 옳지 않은 것은 어느 것인지 골라 보세요.

① [슬라이드 쇼] 탭-[슬라이드 쇼 시작] 그룹에서 [처음부터]를 클릭하면 1번 슬라이드부터 슬라이드 쇼를 시작합니다.

② F5를 누르면 1번 슬라이드부터 슬라이드 쇼를 시작합니다.

③ 슬라이드 탭에서 2번 슬라이드를 선택한 후 [슬라이드 쇼] 탭-[슬라이드 쇼 시작] 그룹에서 [현재 슬라이드부터]를 클릭하면 2번 슬라이드부터 슬라이드 쇼를 시작합니다.

④ 슬라이드 탭에서 2번 슬라이드를 선택한 후 Alt + F5를 누르면 2번 슬라이드부터 슬라이드 쇼를 시작합니다.

04 다음 중 슬라이드 쇼에서 다음 슬라이드로 이동할 수 있는 키가 아닌 것은 어느 것인지 골라 보세요.

① Enter　　　　② SpaceBar
③ BackSpace　　④ PageDown

05 다음 중 애니메이션에 대한 설명으로 옳지 않은 것은 어느 것인지 골라 보세요.

① 애니메이션은 개체나 단락에 지정할 수 있습니다.

② 애니메이션을 지정하면 해당 개체나 단락의 왼쪽 위에 애니메이션 번호가 표시되고, 해당 슬라이드 번호 아래에 ⭐[애니메이션 실행] 아이콘이 표시됩니다.

③ 애니메이션 효과 옵션은 애니메이션마다 다릅니다.

④ 애니메이션을 지정하지 않은 개체나 단락은 애니메이션을 지정한 개체나 단락보다 나중에 나타납니다.

06 다음 중 슬라이드 쇼를 진행하다가 다른 슬라이드로 바로 이동할 수 있는 기능은 어느 것인지 골라 보세요.

① 하이퍼링크　　② 화면 전환 효과
③ 애니메이션　　④ 슬라이드 마스터

07 다음 중 마지막 슬라이드로 이동할 수 있는 실행 단추는 이느 것인지 골라 보세요.

① ⏮　　　　② ⏭
③ ◁　　　　④ ▷

08 한 슬라이드에서 다른 슬라이드로 이동할 때 다른 슬라이드가 나타나는 방식을 무엇이라고 하는지 적어 보세요.

(　　　　　　　　)

■ 정답은 160 페이지에 있습니다.

09 다음과 같이 '쥐라기와 백악기에 살던 공룡' 파일을 연 후 모든 슬라이드에 화면 전환 효과를 지정한 다음 지정된 화면 전환 효과를 확인해 보세요.

• 화면 전환 효과 지정 : 화면 전환 효과(밀어내기), 화면 전환 효과 옵션(왼쪽에서), 기간(③)

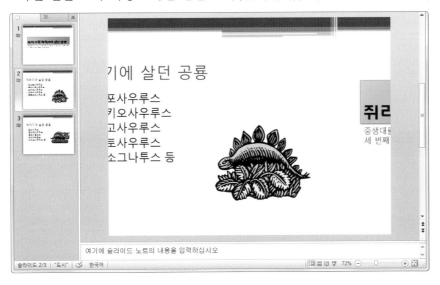

10 다음과 같이 '달의 한글이름' 파일을 연 후 실행 단추를 삽입한 다음 1번 슬라이드부터 슬라이드 쇼를 시작하여 삽입한 실행 단추를 확인해 보세요.

• 실행 단추 삽입 : 1번 슬라이드(▷[실행 단추: 앞으로 또는 다음]), 2번 슬라이드(◁[실행 단추: 뒤로 또는 이전])

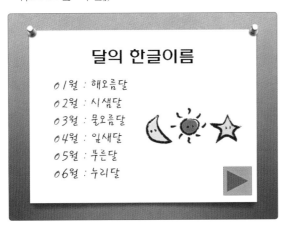

▲ 1번 슬라이드

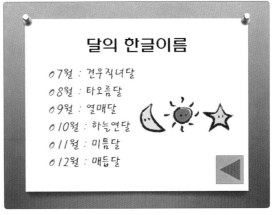

▲ 2번 슬라이드

단원 종합 평가 문제 정답

08 단원 종합 평가 문제 – 48 페이지

01 ③   02 ②   03 레이아웃   04 ①   05 ①
06 ①   07 ④   08 서식 복사

16 단원 종합 평가 문제 – 104 페이지

01 ④   02 ②   03 그룹   04 ①   05 ③
06 ④   07 ④   08 유인물

24 단원 종합 평가 문제 – 158 페이지

01 ③   02 잉크 주석   03 ④   04 ③   05 ④
06 ①   07 ②   08 화면 전환 효과